Del

Miedo

al

Amor

Lo que la gente está diciendo acerca

Del Miedo al Amor

Del Miedo al Amor es un libro notable, convincente, práctico y muy necesitado que debe ser leído por todas las familias adoptivas. Lleva a los desafíos centrales que enfrentan los niños adoptados y ofrece a los padres las herramientas para implementar soluciones manejables a través de un enfoque basado en el amor. Como una persona adoptada, *Del Miedo Al Amor*, me da y creo a otros adoptados el permiso de nombrar el miedo y la pérdida de nuestro pasado y el aliento y dirección para pasar a un lugar dentro de nosotros mismos donde podemos comenzar a prosperar. ¡Gracias Bryan por este regalo invaluable y generoso!

    -RHONDA M. ROORDA,
    ADOPTADA Y COAUTORA DE LA TRILOGÍA HISTÓRICA
    EN ADOPCIÓN TRANSRACIAL – *EN SUS PROPIAS VOCES,*
    EN LAS VOCES DE SUS PADRES, Y EN LAS VOCES DE SUS
    HERMANOS

Fue de gran ayuda en el entendimiento de la mente de mi niña adoptada y como el estado de miedo causa comportamientos negativos. Me di cuenta que al darle lo que tan desesperadamente necesitaba, (tomando sus manos, jugando juegos, sonriéndole), es una niña más calmada. Cosas simples realmente. Realmente es que Dios no la puso en nuestras vidas para moldearla de la forma que pensamos debería ser, pero sí de proteger, guiarla y alentarla ¡mientras Dios la moldea en lo que él quiere que sea! Leeré esto a menudo para acordarme lo que se necesita hacer para criar un niño adoptado.

    -DONNA STRAINICK

El poder de *Del Miedo al Amor* es basado en el principio básico que el amor es suficiente. Como consejera Cristiana encuentro ésto muy alentador que detrás de toda la neuropsicologia e investigación del cerebro radica en la verdad simple que el amor nunca falla. Este simple pero profundo mensaje de Jesús inspira a lo largo del último escrito de Bryan. *Del Miedo al Amor* debería ser una lectura requerida para todos los padres adoptivos y de crianza temporal.

-KEN THOM, LPC CONSEJERO CRISTIANO

Bryan Post ha hecho lo que él dice – produjo otro libro sobre funcionamiento práctico del amor en hogares profundamente caóticos. Este amor resuena dentro de toda la familia.

El usa "el término arrastre" el cual proviene del campo de la música porque habla de los patrones de vibración. La manera como nos comunicamos es a través de vibración. Las vibraciones en mi familia de origen y adopción por mi padrastro estaban como constantemente golpeando los tambores bajos, siempre atacando mis sentidos. Este libro vibra en mi alma "la restauración es posible."

El enfoque de Bryan en el compromiso imperativo de los padres en el proceso terapéutico es esencial para el crecimiento de la familia y la vinculación. Lleva a la familia del comportamiento de los niños a responsabilidad familiar compartida para participar y crecer unos con otros.

Para aquellos de nosotros como terapeutas requiere un gran salto de fe para pasar de un "modelo cognitivo de pensamiento rápido de terapia basada en evidencia" a un modelo más simple, pacífico y efectivo de lidiar con todas las emociones disecadas de la vida ya sea del padre o del niño. Este modelo tiene alivio, restauración y renovación a familias que se han sentido sin esperanza por demasiado tiempo.

Como padres adoptivos por más de 20 años, mi esposo y yo hemos vivido las restricciones económicas en Agencias de bienestar del niño y Sistemas de salud mental. Estamos viendo niños que fueron alguna vez colocados automáticamente en centros residenciales, niños con necesidades emocionales abrumadoras, colocados o referidos a nuestro hogar temporal regularmente. Estos niños fueron colocados previamente en centros residenciales u hogares comunitarios. Todos los días, cuando escogemos amor a través de este modelo, tomamos una verdad acerca de nosotros mismos y a los niños que apoyamos lo cual nos trae más y más libertad hacia ellos y nosotros. (¡Si—perros viejos pueden aprender nuevos trucos!) Tú escuchas a menudo padres adoptivos decir, "¡queremos ayudar a los niños!" Para ayudarlos a crecer con amor, es necesario que crezcamos en amor, también.

Gracias, Bryan Post, por continuar buscando verdades que llevan a la libertad como un acto de amor para muchos que necesitan restauración.

-MICHELLE HUSTED, LPCC-S MINERVA, OH

¡Que gran libro! ¡Es como todas tus conferencias envueltas en una caja de regalo brillante! Un resumen sugerente de todo tu trabajo hasta la fecha. Nada se ha quedado fuera. Es fácil y rápido de leer, con resúmenes de capítulos y aspectos destacados que permiten al lector regresar por sacudidas de inspiración. La verdad que yace dentro revoluciona las relaciones entre padres y niños, construyendo sobre el entendimiento de trauma y cómo afecta profundamente el espíritu humano. Este libro trae esperanza a la vanguardia, la única cosa que nos detiene de renunciar.

-MARIANNE ONTARIO, CANADA

¡Lectura rápida pero potente! Pude haber usado esta información antes de ser padre de un niño adoptado; sin embargo, es posible que no lo haya entendido completamente hasta que lo viví. Una vez más, Bryan ha ofrecido un libro que puede ayudar a padres y niños sanar de traumas relacionales tempranos con enfoque en la relación en vez de los comportamientos.

-HOLLY YINGLING, R.N. CON ENFOQUE EN NEUROCIENCIA, MADRE DE UN NIÑO ADOPTADO CON SEVEROS TRAUMAS TEMPRANIS, APEX, NC

Acabo de leer tu libro nuevo. Actualmente superviso crianza temporal y adopción y estamos apenas empezando a usar crianza basada en amor al entrenar a nuestros padres. Este libro será un gran instrumento de entrenamiento para nuestras familias. Es fácil de leer y tiene mucha información que es útil para nuestras familias que estamos tratando de educar. Yo recomiendo encarecidamente a cualquier padre de crianza temporal o adoptivo leer este libro. También me gustan los artículos de referencia. Espero usarlo con nuestros padres. Tu trabajo nos ayuda a ayudar a nuestras familias a ayudar a sus niños.

-PATTI MENOW QUAKERTOWN, PA

Este es un libro que cambia la vida y dará esperanza a muchas familias. Remueve mucho del sentido de culpa y sentimiento profundo de sensación de fracaso que tristemente parece ser parte de muchas familias involucradas en adopción. Para mí, la frase que resalta es: "hasta que un niño alcanza la etapa final de sus 20's todavía hay una gran oportunidad para que ocurra la sanación y el cambio." Para familias adoptivas este es un gran contraste a lo fatal y habitual de los "expertos" de cuidado de niños y nos da conocimiento, basado en investigación del cerebro, que podemos continuar en hacer una diferencia en superar traumas pasados.

Bryan nos dice que "la sanación ocurre en el hogar" y "la gran diferencia en la vida de un niño es un padre bien regulado." Este libro le dará a la gente seguridad en sí mismos como padres y confiar en sus propios instintos de amor. En contraste con muchos manuales de cuidado de niños basados en creencias tradicionales, el paradigma de Bryan está respaldado por las últimas investigaciones en neurociencia. Es un libro muy accesible con puntos claves destacados permitiendo a los lectores sumergirse de nuevo en ser recordados y asegurar que pueden sin duda moverse hacia el amor.

-JEAN BELTON, UK

Este es un libro que recomendaré a cualquiera que tiene un niño con comportamientos severos. Este es un libro que me hubiera gustado tener cuando conocí a mi hijo a través de crianza temporal hace algunos años. Este libro es una herramienta tan poderosa para todos aquellos padres quienes están batallando y no saben que hacer. Este libro nos hace entender porque los niños reaccionan como lo hacen. Este es la manera de empezar el proceso de sanación. Realmente amo este libro ya que recolecta todos los elementos que un padre necesita saber cuando cría niños traumatizados. ¡Bravo Post!

-FANNY MAGIER BEVERLY HILLS, CA

El compromiso de Bryan de llegar a todos nosotros que necesitamos ayuda criando niños adoptados o traumatizados, está claramente demostrado en este libro. Él ofrece una receta para ser padres basado en el entendimiento de la perspectiva del niño, lo cual ha sido comprometido por el trauma. Recurriendo al recurso de amor incondicional, este paradigma nos permite desarrollar más profundamente, relaciones confiables con nuestros niños, guiándolos hacia mayor sanación. Este libro sirve como una introducción a este modelo de crianza o como una herramienta para mantener nuestro enfoque mientras criamos niños con comportamientos complicados.

-KAREN BOCKRATH WILMINGTON, DE

El nuevo libro de Bryan Post *Del Miedo al Amor* es un recurso excepcional para todos los padres, no sólo padres adoptivos. La información en este libro ofrece un marco de referencia para entender como criar a un niño desde un lugar de amor en vez de miedo, como reconocer que cuando los niños exhiben comportamientos negativos están comunicando una necesidad,y como los padres pueden ser catalizadores para el cambio en el hogar. El libro es fácil de leer y comprender y Bryan ha proporcionado puntos clave al final de cada capítulo que pueden ser utilizados como una guía rápida de referencia para ayudar a los padre a mantenerse en el camino mientras enfrentan una situación difícil con su niño.

-KELLY JAMES, LPC (CONSEJERA PROFESIONAL CON LICENCIA) SUPERVISORA REGISTRADA EN TERAPIA DE JUEGO.

¡Guau! Ya lo terminé. Lo leí dos veces. Fue una bendición el sólo leerlo y cambiará nuestras vidas. Cuando leo "Ve a abrazar el corazón de tu hijo," me puse a llorar. (Y lo hice de nuevo) porque puse a mis niños traumatizados en una escuela pública por primera vez para intentar y aliviar parte del estrés aquí en el hogar. Las cosas no están funcionando muy bien. Yo sé que tengo que traerlos a casa de nuevo para hacer escuela desde mi hogar.

Estuve estresada porque todos los comportamientos que nuestros niños adoptados estaban exhibiendo cada hora y terminé en el hospital. Mis pensamientos se hicieron confusos, distorsionados y mi memoria ha corto plazo se fue. Mi mayor temor era que nunca sanarían —Les fallé. La forma de ver tradicionalmente a los niños con trastorno de apego reactivo, los puntos de vista Cristianos de disciplina, los más de 7 años de distintos terapistas, psiquiatras, libros y programas de crianza no ayudaron. De hecho, dañaron a mis hijos más de lo que quisiera admitir. Finalmente, aquí hay algo que tiene sentido. ¡Intentemos amor! No hay excusa para no leer este libro si quieres ayudar a tus hijos (y a tí mismo). Es muy fácil de leer y práctico. Nuestro hogar será donde ocurrirá su sanación.

-VICKI OLER MAXELL, IA

¡He leído el libro dos veces y estoy realmente emocionada por ello! Me encanta el estilo conversacional que me hace sentir que estoy sentada en un cuarto teniendo una conversacion muy profunda con los padres. Tu enfoque es, como siempre, para conectarse directamente con los padres y ayudarlos a ver que hay esperanza para su niño y su familia y podemos realmente sentir esa conexión contigo. Hay tanta información empaquetada en ese pequeño libro que estás en lo correcto en sugerir que los padres lo lean en la primera lectura y tal vez en la segunda o tercera lectura tomen el marcador en su mano. Y si alguien no quiere releer un capítulo entero, sólo revisando los "Puntos Clave" le ayudará a refrescar la memoria y sabrá si necesita leer ese capítulo en particular una vez más. Ya he tenido varias familias en mente para las cuales definitivamente será una "lectura obligada."

-ELAINE SPICER GARY, IN

Esta es una línea de vida muy necesaria para los padres que están batallando con niños que se han convertido en sus padres. Bryan Post lleva a los padres en un viaje paso a paso para la transformación de su relación con sus niños adoptados: un camino de sanación, no sólo para los niños pero tambien para los padres. Una clave para este modelo es que sólo hay dos emociones primarias que impulsan nuestras acciones: Miedo y Amor. Nuestros niños a veces quedan atrapados entre dos modelos - - sobreviven o prosperan - - y a menudo el modo de sobrevivencia se muestra como ira y agresión. Bryan reta a los padres a salir de un lugar de amor para ayudar resolver miedos para que nuestros niños puedan ir más allá de ellos. Cuando puede pasar más allá del miedo, el comportamiento también se queda atrás. Suena simple, y la realidad puede ser complicada para los padres que han sido criados en creer que los padres necesitan controlar a los niños o ellos te controlarán. Este es un cambio de pensamiento acerca de crianza de los niños que realmente puede marcar una diferencia en la paz y la felicidad dentro de tu propio hogar. *Del Miedo al Amor,* criando niños adoptados difíciles te da las herramientas e ideas necesarias para empezar.

-CARRIE KITZE, AUTORA, PUBLICISTA, MADRE
ADOTPIVA,

Hace varios años conocí a Bryan Post cuando asistí a su entrenamiento por primera vez. Desde ese momento mi entrenamiento como padre de crianza temporal tomó un giro drástico – lejos del enfoque tradicional y hacia el "Modelo de Estrés." Como resultado, las distracciones en nuestro hogar de crianza temporal han disminuído dramáticamente. *"Del Miedo al Amor"* es un plan claro para entender niños traumatizados y verdaderamente ayudarlos a sanar. Planeo darle una copia de este libro a todas nuestras familias de crianza temporal.

-GEORGIA PHILLIPS, LCSW COORDINADORA DE
HOGARES DE CRIANZA TEMPORAL HENRICO,
VIRGINIA

El doctor Post ha traducido exitosamente neurociencia a un lenguaje que cualquiera puede entender y aplicarlo a la tarea tan difícil de criar un niño adoptado. Sus ideas son únicas porque habla desde 3 perspectivas – la del niño, del padre, y del terapeuta. Qué valiosa información para aquellos de nosotros en el trabajo de "cuidado" de niños. *Del Miedo al Amor* debe ser equipo estándar que viene con cada niño adoptado y debe mantenerse en la mesita de noche en cada hogar adoptivo. Merece ser leído y releído como estímulo y confirmación en los días buenos y como guía y dirección para los otros. Felicidades Bryan en este recurso tan valioso para cualquiera, incluyendo maestros, en el cuidado de niños difíciles.

-ALETHA MCARTHUR, OCT, MAESTRA ESPECIALISTA, DISCAPACIDADES DE CONDUCTA/APRENDIZAJE, FUNDADORA DE "NEW GROWTH FAMILY CENTRE INC" (CENTRO FAMILIAR DE NUEVO CRECIMIENTO). MOUNT FOREST, ON

¿Desde cuándo tener una Maestría en Educación y 11 años en crianza de hijos de pronto se vuelve irrelevante? En el momento que adoptas a un niño de 13 años de un orfanato del Este de Europa. Todo lo que sabes cierto acerca de criar niños se voltea boca abajo y te sientes todo de mal humor. ¿Porqué? Porque muchos de los niños que están en el Sistema de crianza temporal u orfanatos tienen desde antes historias significativas de trauma. Estos niños no pueden ser criados siguiendo el viejo paradigma que nos han enseñado a todos. Yo necesitaba ayuda si iba a amar mi nueva hija a pesar de todo el dolor que ella ha sufrido en su vida y encontré a Bryan.

Esta breve lectura habla acerca de "Modelo de Estrés" y como todos nuestros comportamientos surgen de un estado de estrés. Que sólo hay dos emociones primarias, amor y miedo y que nosotros los padres tenemos que ayudar a nuestros niños a superar ese estado basado en el miedo a un lugar donde se puedan sentir amados y a salvo. Cuando se sienten amados y a salvo los comportamientos disminuirán. Tener este nuevo entendimiento nos ha ayudado a mi esposa y a mí evitar ser absorbidos en el ciclo de miedo de nuestra hija y de nosotros mismos. Hemos aprendido a no reaccionar de forma exagerada y en su lugar, a reflexionar, relacionar, regular. Las 3 R's de Bryan han hecho una gran diferencia cuando las cosas comenzaron a desmoronarse. Que concepto tan simple y aún así puede tener un gran impacto en tu relación con tu niño adoptado.

Si tú eres un padre adoptivo, escoge amar y lee este libro. Es un salvavidas.

-DAVID STRAINICK, PALMYRA, VA

Del Miedo al Amor es un pequeño libro lleno con poderosas herramientas para crianza de niños. ¡Cada línea contiene un montón! ¡Estas herramientas, si se practican, pueden traer cambios profundos en cualquier familia! Mientras más difíciles las dinámica de la familia, mayor será la motivación para hacer un cambio, y este libro inspira no sólo cambios pequeños, sino a una transformación completa.

La crianza de niños reside en la apertura para aprender y practicar nuevas formas de amar a nosotros mismos y a nuestros niños, y las ideas en este libro son las mejores herramientas que conozco para hacer esto. Yo he sanado y mis hijos han sanado, desde el impacto de desarraigo familiar por lo menos desde hace tres generaciones. ¡Esto funciona!

-WILMA ICE, RICHMOND VA

ÚNETE A LA RED DE
POST INSTITUTE Y CONÉCTATE

WWW.POSTINSTITUTE.COM

https://www.facebook.com/postinstitute/

https://www.instagram.com/post_parenting/

Del
Miedo
al
Amor

Su guía esencial para la crianza de los
hijos adoptivos y adoptivos

B. Bryan Post

FROM FEAR TO LOVE
By B. Bryan Post
Published by Post Institute & Associates, LLC, Palmyra VA
www.postinstitute.com
© 2010 B. Bryan Post. All Rights Reserved. Printed in the United States of America.
Illustrations by Mark Trotter, MTT Illustrations

Spanish Translation ©2019 Post Institute. All Rights Reserved. Printed in the United States of America

Spanish Translation completed by Lilly Ortega commissioned by Post Institute

Scripture taken from the Holy Bible, New International Version Copyright 1973, 1978, 1984 International Bible Society. used by permission of Zondervan Bible Publishers.

Scripture quotations marked NLT are taken from the Holy Bible, New Living Translation, copyright 1996, 2004. Used by permission of Tyndale House Publishers, Inc., Wheaton, Illinois 60189. All rights reserved.

Scripture quotations marked NKJ taken from the New King James Version. Copyright © 1982 by Thomas Nelson, Inc. Used by permission. All rights reserved.
Scripture taken from the NEW AMERICAN STANDARD BIBLE®, Copyright © 1971,1972,1973,1975,1977,1995 by The Lockman Foundation. Used by permission.
Library of Congress Control Number: 2009941364
ISBN 1: 9781671211926
First printing in Spanish 2019

Dedicado a mi madre, Opal Post, y mi difuntopadre, Billie R. Post (1941-2004), por haberme llevado aUn hogar donde criaron lo mejor que sabían.Cómo, a pesar de una falta de comprensión para mi profundanecesidades emocionales Ellos han compensado esa falta deentendiendo siempre proporcionándome incondicional Amor, apoyo y ánimo. Ellos son los doslos mejores padres que Dios podría haberme dado.

Escribí este libro para padres adoptivos en todas partes.

Un agradecimiento especial a David Strainick por el montaje.Las citas iniciales y el resumen.Los puntos clave para cada capítulo.

Tabla de contenido

Prefacio

Mientras estoy sentada, reflexiono en mi camino a una futura madre felíz y ansiosa. Finalmente convirtiéndome en la madre de un niño que deseaba tanto, ahora me pregunto, "¡Si tan sólo hubiése sabido entonces lo que sé AHORA!" ¡Qué gran diferencia hubiése tenido en el estilo de criar a mis hijos! Yo no estaba enterada de los altibajos emocionales que vendrían por ser padres adoptivos.

Recuerdo lo maravilloso que fué abrazar a mi bebé por primera vez. Mi corazón estaba estallando de orgullo. Mi amado difunto esposo Bill, y yo, nombramos a nuestro hijo Bryan. Un año después, adoptamos a nuestra hija Kristi. A pesar de que todos ahora estamos emocionalmente cerca, este trayecto estuvo lleno de estrés y dolor emocional.

No teníamos una remota idea de como criar niños con necesidades emocionales significativas. Muchos años, muchos grandes retos, y después noches sin dormir; puedo ver hacia atrás y perdonarme a mí misma por las cosas que mi esposo y yo no sabíamos. Hicimos lo mejor que pudimos, y estoy segura que así mismo lo haces tú. Por todos y cada uno de los recuerdos dolorosos, hay muchos más llenos de risas, orgullo, y agradecimiento. Yo amo profundamente a mis hijos, y siempre lo hice.

Estoy muy orgullosa de mi hijo. A pesar de todo el calvario en que se crió durante su infancia, él se ha convertido en un ángel. Me alivia saber que intuitivamente hicimos muchas cosas bien. Algo que mi hijo anteriormente me ha dicho y que quiero ofrecerte es que nunca te des por vencido con tu niño —no importa lo que pueda suceder y por lo que puedas pasar. Mientras Dios nos proporcione aire en el cielo para respirar, siempre hay esperanza.

Toma estas palabras llenas de sabiduría, comprensión, pasión, y percepción que mi hijo te ha ofrecido, y ve a abrazar ese corazón de tu niño.

Como dije anteriormente, "Si tan sólo hubiése sabido ANTES lo que sé AHORA," tal vez mi hijo no hubiése sido capaz de ofrecerte este libro. Por lo tanto, no tengo remordimientos —solo esperanza para tí y tus niños.

Bendiciones,
Opal Post

MADRE DE BRYAN POST Y KRISTI POST-PLEW
MEME DE MIKALAH, MARLEY, *ZELIJAH, KATALINA, Y
ZELIAH(*Zelijah, la hija mayor de Kristi, es ahora mi hijo adoptivo, ¡y así onvirtiéndome en uno de muchos abuelos que crían a sus nietos! Que Dios bendiga especialmente a los abuelos que son padres).

Introducción

"ES TU PROPIO MIEDO LO QUE CAUSARÁ LA MAYOR
DIFICULTAD EN TU RELACIÓN CON TU NIÑO
ADOPTADO."

Este pequeño libro está lleno de conceptos sencillos para ayudarte a transformar la relación con tu niño adoptado. Si es que recién te convertiste en padre adoptivo, te ayudará el iniciar por el camino de crianza más efectivo posible. Este es un libro que te llevará rápidamente. Cubriremos una vasta cantidad de información en un período corto. Vas a querer leer este libro de principio a fin lo más rápido posible la primera vez; un poco más despacio la siguiente vez, haciendo hincapié en resaltar y subrayar; y de nuevo, un poco más despacio, agregando tus propios pensamientos, situaciones, y conceptos. Finalmente, léelo una cuarta vez para asegurar que has captado completamente los conceptos y te estás convirtiendo en un guía de amor y comprensión para tu niño.

Los conceptos en este libro son parte de un nuevo paradigma de crianza. ¿Qué es un paradigma? Es un patrón desde el cual tú le das forma y vives tu vida. Dictionary.com lo define como "Una serie de suposiciones, conceptos, valores, y prácticas que constituyen una forma de ver la realidad de la comunidad que las comparte…" Cambiando nuestras suposiciones puede ser desafiante, pero eso es exactamente lo que se requiere para cuidar adecuadamente a niños adoptados con dificultades.

El antiguo paradigma dice que el niño difícil es enojón,
y controlador, pero esta creencia es engañosa. La realidad
es que este niño está atrapado en un estado de estrés-y-
miedo, causando así la reacción natural del cuerpo
volverse negativa. El feto, infante, o niño es el producto

de un ambiente demasiado estresante o evento traumático, causando sensibilidad a miedo y estrés. Ese miedo y estrés conllevan a los comportamientos que talvez tú pases con tu niño adoptado.

Un concepto crítico que debes comprender mientras buscas involucrarte y reforzar este nuevo paradigma es que hay únicamente dos emociones primordiales: amor y miedo. Nuestro cuerpo sólo conoce estas dos emociones primarias. Esto es, el sistema de tu cuerpo-mente sólo conoce sobrevivencia y éxito. El biólogo celular Bruce Lipton nos dice que durante momentos de estrés, el sistema celular se contrae hacia sobrevivencia. La clave para comprender ésto es que estrés puede ocurrir durante cualquiera de nuestros cuatro caminos. Lo que vemos, escuchamos, olemos, sentimos, probamos, y hasta el cambio de temperatura pueden todos éstos ser catalizadores de estrés. Cuando el sistema de cuerpo-mente se contrae hacia sobrevivencia, cada una de las células en el cuerpo están en estado de miedo.

De acuerdo al neurocientífico Joseph LeDoux de la Universidad de Nueva York, este estado provoca pensamientos confusos y distorsionados, y suprime la memoria a corto plazo. Por lo tanto, cuando estamos estresados, no podemos pensar claramente o recordar cosas que ocurrieron recientemente. Las implicaciones de estos resultados por sí solos son enormes para tu niño, especialmente si consideras el sistema educativo y lo estresante que esa experiencia será para tu niño adoptado. Honestamente, el miedo causará la más grande lucha en la relación con tu niño. La forma más importante como puedes mejorar la relación con tu niño es viéndolo a él o ella tan sensible al miedo ("lleno de temor") y estrés. Si llevas contigo este punto de vista en todas tus interacciones con tu niño, la dinámica de tus relaciones cambiará.

Ahora, continúa leyendo, porque el nuevo paradigma, como nuevos trucos, no es fácil de aprender. Así que, para las siguientes secciones, te mostraré las razones por las que debemos cambiar nuestra forma de pensar y así volvernos mejores padres adoptivos y ofrecer a nuestros niños y a nosotros mismos una oportunidad de sanación.

PUNTOS CLAVE:

En esta sección introductoria, cubrimos algunas cosas clave:

1. Como padres adoptivos, estamos operando bajo el antiguo paradigma diciendo que el niño difícil es enojón y controlador. El nuevo paradigma dice que los niños adoptados difíciles están atrapados en un estado de estrés y miedo.
2. Hay sólo dos emociones primarias: miedo y amor.
3. Cuando un niño adoptado está estresado, su memoria a corto plazo es suprimida, y sus pensamientos se vuelven confusos y distorsionados.
4. Es tu propio miedo lo que causará la mayor lucha en la relación con tu niño adoptado.

CAPÍTULO 1

Entendimiento de Miedo y Amor

PARA CRIAR VERDADERAMENTE DESDE EL AMOR SE REQUIEREN ENORMES CANTIDADES DE TIEMPO, ENERGÍA, CONCENTRACIÓN Y ATENCIÓN PLENA."

Una emoción es energía en movimiento. Hay únicamente dos estados para ésto: prosperando y sobreviviendo. Un "sentimiento," sin embargo, es la percepción cognitiva de un estado emocional. Esto significa que tu cerebro transmite su percepción de la energía y la cambia a un sentimiento. Así es que tu cerebro interpreta tu emoción de amor y miedo como "Me siento felíz," "Me siento enojada," "Me siento celosa," etc. A mucha gente le resulta difícil de comprender ésto porque tenemos la tendencia a creer que el enojo es una emoción primaria. El enojo, sin embargo, proviene del miedo. El odio proviene del miedo. Los celos provienen del miedo. Toma un momento para pensar en ésto.

Ahora, vamos a hablar brevemente del amor. Mientras que el amor es digno de un libro entero, es imposible definirlo. Pero haré mi mejor esfuerzo para proporcionar un marco de referencia para este componente poderoso de sanación.

El amor existe. Es un espacio alrededor de nosotros. La Biblia dice que el amor y el miedo no pueden coexistir. Donde existe uno, no puede existir el otro. La confusión acerca del amor se encuentra en las enseñanzas tradicionales y prácticas de crianza "basadas" en ésto. La mayoría de nosotros fuimos enseñados que el amor es algo que le das a alguien por que lo amas. Como mi padre solía decir, "Te voy a golpear porque te amo y quiero que aprendas." "Te mando a tu cuarto sin cenar porque tienes que aprender buenos modales y respeto. Si no te amara, no me importaría." Estos mensajes no pueden estar más alejados de la realidad del amor y lo que es verdaderamente. El amor no es algo que tú le das a alguien, es algo que tú haces por alguien.

A nosotros nos han enseñado que el amor incluye golpes, gritos, control, fuerza, poder, castigo, y mucho más, pero estas acciones son miedo disfrazado de amor. La razón por la que luchamos por amor y por estar tan "enamorados" es porque no siempre sabemos lo que es. El amor es comprensión, flexibilidad, aceptación, paciencia, y fidelidad. En el amor hay gozo y dolor, preocupación y consternación, pero esos estados no perduran cuando vivimos en amor. En cambio, son fugaces.

El amor existe. Cuando nos enamoramos de alguien, es hermoso y nos consume, pero entonces, ¿qué pasa? Intentamos obtenerlo y controlarlo. Intentamos que esta persona sea toda para nosotros porque creemos que él o ella creó ese sentimiento bueno en nosotros. Pero el acto de aferrarnos al amor, para hacerlo nuestro y capturarlo, nos cambia a tener miedo. Y desde este espacio, continuamos sintiendo y perdiendo amor.

Para que criemos verdaderamente desde el amor, debes comprometer una enorme cantidad de tiempo, energía, concentración y atención plena hasta que te hayas reacondicionado para vivir más continuamente en ese estado. Cuando hayas podido finalmente pasar del miedo al amor, tus prácticas de crianza y la manera en que te relacionas con tu niño adoptado serán más fáciles. Tu relación se volverá más fluida, tu confianza y fe crecerán a pasos agigantados.

Dios no puso a tu niño adoptado en tu vida para que tú lo moldees de la forma que tu piensas él debe ser, sino más bien, para protegerlo, guiarlo, y alentarlo mientras que Dios lo moldea en lo que él quiere que sea. Tu meta es volverte cada vez más alerta y consciente de tu propio miedo para que así puedas respirar a través de éste, entendiendo y procesándolo. Esto te proporciona la oportunidad de pasar al amor, y tú querrás criar desde ese espacio. En el espacio de reconocer tu propio miedo, estarás, más listo para captar el miedo de tu niño. Cuando puedas ver el comportamiento de tu niño conducido por estrés y miedo en vez de control y desobediencia voluntaria, una revolución natural de amor ocurrirá en tu relación. Pasarás de lo antiguo a lo nuevo. Ahora, conozcamos más acerca de como el estrés y el miedo funcionan en la vida de tu niño adoptado.

PUNTOS CLAVE:

En esta sección, hablamos más acerca del amor y el miedo, y las razones de porque estas dos emociones determinan como criamos a nuestros niños:

1. El enojo proviene del miedo.

2. El amor no es algo que tú le das *a* alguien; es algo que haces *por* alguien.

3. Tu meta es volverte cada vez más alerta y consciente de tu propios miedos.

NOTAS

CAPÍTULO 2

¿Qué es lo que el estrés tiene que ver con todo ésto?

"LOS NIÑOS QUE HAN VIVIDO TRAUMA TENDRÁN UNA REACCIÓN CONSIDERABLEMENTE DIFERENTE AL ESTRÉS QUE LOS NIÑOS QUE NO LO HAN VIVIDO."

Todos hemos escuchado a menudo acerca de estrés, y sabemos de ello más ahora que en cualquier otro tiempo de la historia. Los 1990's, ahora conocida como la Década del Cerebro, tuvo avances en el campo de la neurociencia ya que se relacionó con Salud mental, Psicología, y Psiquiatría. Con trabajos innovativos presentados por Bruce Perry, Joseph LeDoux, Daniel Goleman, Daniel Siegel, y muchos otros, empezamos a ver de primera mano el verdadero impacto del estrés y trauma en el desarrollo del cerebro. ¿Pero qué papel juega en la crianza de nuestros niños adoptados?

El estrés está en el centro de estas relaciones, especialmente cuando el niño es difícil. Lo primero que debemos entender acerca del estrés es que es inevitable. La segunda cosa es que el estrés es necesario para nuestras vidas. ¡Eso es correcto! No podemos evitar el estrés porque nos mantiene saludables. Sonreír causa un estado de estrés. Hans Selye, el padre del estrés dice "Estrés es lo que le da sabor a la vida" porque sin vivir estrés en cierta cantidad, no podríamos existir. No podríamos progresar como especies. Bruce Perry, un neurocientífico eminente, quien condujo algunos de los más importantes proyectos con respecto a niños y trauma, dice que todos respondemos al estrés en una de dos maneras: volviéndonos hiperactivos o hipoactivos.

Hiperactividad conlleva a mucha acción, agitación y/o agresión. Si respondemos al estrés de una manera hipoactiva, tendemos a alejarnos, volvernos deprimidos, y tal vez resistentes. Un niño con transtorno desafiante y de oposición, por ejemplo, es un niño hipoactivo asustado.

Los niños adoptados tienden a vivir mucho estrés por las dinámicas internalizadas de rechazo y abandono que fueron estimuladas en el útero, sin

mencionar la gama de otros eventos negativos que pueden ocurrir después del nacimiento, lo cual discutiré más adelante. ¿Qué significa todo ésto? Los comportamientos de hipo e hiperactivos en niños adoptados son muy acentuados comparado con otros niños.

Cuando lidiamos con niños que tienen problemas de comportamiento difíciles, debes recordar que estos niños han vivido trauma. Como lo mencioné en la introducción, este trauma eleva las respuestas y reacciones del niño al estrés, volviendo a estos niños sensibles al miedo y estrés. Esta es una sencilla pero concisa forma de ver a tu niño adoptado y prepararte para ver al mundo a través de sus ojos.

PUNTOS CLAVE:

El papel que juega el estrés en la crianza de nuestros niños adoptados es importante que se comprenda. Recuerda lo siguiente:

1. Es inevitable.

2. El estrés es una parte necesaria de nuestras vidas.

3. El estrés causará cualquiera de estos estados en tus niños, hipo o hiperactividad.

4. Los niños que han vivido trauma tendrán una reacción considerablemente diferente al estrés de los niños que no lo han vivido.

NOTAS

CAPÍTULO 3

No subestimes el papel que juega el trauma

"MIENTRAS TU NIÑO COMIENZA A TRABAJAR EN EL PROCESO DE SANACIÓN, SÓLO ESCUCHA, APOYA Y MOTIVA."

Definamos lo que significa exactamente trauma. Trauma es cualquier evento estresante que es prolongado, abrumador, o impredecible, y cuando este evento continúa sin ser expresado, sin ser procesado y malinterpretado, se convierte en trauma a largo plazo.

Por ejemplo, digamos que un niño es adoptado a una edad temprana, talvez, al nacer. Mitchor Gaynor, autor de *Los Sonidos de Sanación,* dice que tan pronto como la cuarta semana después de la concepción, el feto puede escuchar. Thomas Verny, autor de *La Vida Secreta del Niño que no ha Nacido,* enfatiza que tan pronto como el segundo trimestre, el feto ya puede pensar acerca de lo que está sucediendo en ambos fuera y dentro del vientre. Ambos libros son excelentes para el entendimiento de los procesos pre and postnatales a un nivel más profundo.

Muchos padres adoptivos descartan el impacto del proceso de nacimiento en su niño adoptado. Esto es un error. A menudo, el proceso de nacimiento, es traumático simplemente porque el niño ha sido separado de su madre biológica. No olvides que este bebé ha escuchado el latido del corazón de su madre, escuchado su voz, y olido su olor por nueve meses consecutivos.

te escucho

De pronto, todo lo que le es familiar se ha ido y nunca
regresará. Cuando un niño adoptado ha sido alejado de su
madre biológica, se crea una reacción de pérdida dentro
del sistema de cuerpo y alma del bebé, y de muchas
maneras la fisiología se interrumpe.

Esto es muy importante acerca de la pérdida, una interrupción neurofisiológica del sistema cerebral y del cuerpo. ¿Cuántos bebés tienen la oportunidad de expresar, procesar, y comprender ese trauma? No muchos. Tal vez lloren, pero es difícil de procesar y comprender, ¿no es así? A medida que el niño adoptado crece, el proceso de duelo y anhelo por la madre biológica tal vez continúe minimizado involuntariamente por los padres adoptivos. Típicamente, los padres adoptivos verán el proceso de duelo y anhelo de su niño adoptado por sus padres biológicos como una falla de crianza de su parte. Esto es otro error más en su juicio y refleja las propias inseguridades de los padres y miedo más que otra cosa.

Piensa acerca de lo que estás sintiendo respecto al dolor y pérdida de los padres biológicos. ¿Acaso te hace sentir culpable, triste, o molesto? Típicamente, hay una abundancia de sentimientos mezclados, pero todos surgen de tu propio miedo. Mientras aceptes tus propios sentimientos, dale a tu niño permiso de hacer lo mismo. Es mejor decir simplemente, "Cariño, puedo comprender porque te sientes así," o "Es muy natural tener ese tipo de sentimiento; Apuesto a que es muy triste." Dale permiso a tu hijo de vivir el duelo. Abrázalo mientras que llora y hace preguntas. No tienes porque saber alguna o todas las respuestas. Sólo escucha, apoya y motiva a que te siga platicando. Esta es la primera parte de permitir que surja el duelo. Cuando finalmente el proceso de duelo puede comenzar, trabajará por sí mismo con el tiempo, y tu niño adoptado podrá sanar y completamente permitirte amarlo sin restricciones.

Recuerda, que el duelo es un elemento natural del proceso que tu niño adoptado está viviendo. Muy a menudo, simplemente no permitimos que suceda porque tenemos bien intencionados, pero frases inválidas como, "Bueno cariño, te amo, pero si tu madre no te hubiera permitido ser adoptado, nunca te hubiera conocido," o "Pero tú eres mi niño ahora; ¿qué no soy suficiente?" O aún peor hay frases como, "¿Porqué quieres a tu madre de regreso o lloras por ella? ¡Te regaló! Estas frases no hacen nada por ayudar a sanar a tu niño. Sólo reflejan tus propias inseguridades. Guarda esos sentimientos para tí mismo, pero no permitas que tu miedo impida el propio proceso de sanación de tu niño. Es la única manera de ayudar a tu niño a que pase de haber perdido a sus padres biológicos.

Como mencioné anteriormente, trauma se define como cualquier evento estresante, prolongado, abrumador, o impredecible. Dentro de esa definición, hay tres tipos de trauma:

1. Estrés traumático, que incluye negligencia, abuso físico, sexual, o emocional.
2. Trauma de choque, que incluye bombas, accidentes de carro, temblores, y muchos otros eventos inevitables.
3. Trauma de desarrollo, que incluye estresores traumáticos que ocurren durante la infancia e impiden el progreso del desarrollo, incluye trauma de choque.

Los niños adoptados usualmente han vivido ambos estrés traumático y trauma de desarrollo. Adopción—preadopción y postadopción—es una experiencia traumática. Factores de preadopción pueden incluir el trauma de nacimiento, abuso de drogas, rechazo, violencia, y desnutrición, todos extremadamente estresantes y traumáticos.

Los factores de posadopción frecuentemente incluyen, pero no se limitan a, abuso, negligencia, y frecuentes mudanzas. Si una colocación adoptiva no funciona, el niño tal vez sea enviado a un hogar comunitario, o de un hogar sustituto a otro. La mudanza es uno de los tres primeros eventos más estresantes que encontramos en la vida de los adultos. Imagina lo estresante que es para los niños pasar de un lugar a otro. Entonces, considera el duelo y pérdida involucrados. Puedes comprender porque estos eventos son traumáticos.

Aquí un ejemplo. Al inicio de una de mis conferencias, una madre me dijo, "Estoy aquí porque mi hijo sufre de encoprésis—defeca en sus pantalones. Él tiene 11 años, y defeca en sus pantalones todos los días." Apenas ha aceptado que tiene que usar un pañal para ir a la escuela pública.

Le dije, "A ver platícame un poco acerca de su historia."

"Lo adoptamos cuando tenía cuatro años," ella respondió. "Entre la etapa de recién nacido hasta los cuatro años, iba y venía entre su madre biológica y familia adoptiva porque el Estado quería que se reunificara con su madre. Iba y venía, iba y venía, iba y venía. Su madre biológica era adicta a drogas. Ingresaba a la cárcel, salía de la cárcel, y el Estado los reunificaba."

La madre adoptiva prosiguió, "A la edad de dos años, casi logramos entrenarlo para ir al baño, pero su madre salió de la cárcel, y el regresó con ella. Después, cuando tenía cuatro años, le revocaron sus derechos paternos, y lo adoptamos."

La madre adoptiva insistía que su hijo defecaba voluntariamente en sus pantalones. "Tú no comprendes,"me dijo, "él está tratando de manipularnos y controlarnos. Cuando defeca en sus pantalones, es como si él dijera, '¡Me hago popó en tí Mamá y Papá!' ¿Aceptarías eso en tu hijo?"

En vez de tratar de luchar en contra de su creencia rígida (el antiguo paradigma), le sugerí que contuaramos con la conferencia. Pensé que algo le resonaría después en su casa. En un receso, le mostré un video y quería que le llegara a esta madre. Así, que después de un receso, caminé de regreso hacia el frente y dije, "Te diré algo, señora, si trabajas conmigo por dos semanas por teléfono, te garantizaré una reducción dramática, si no es que una eliminación completa, de su comportamiento de defecar en los pantalones."

Ella dijo, "Eso suena muy bien, pero probablemente es muy caro."

Yo le respondí, "Bueno, sí lo es, pero lo haré gratis. Lo único que tienes que hacer es permitir que cualquier persona en la audiencia me llame al término de las dos semanas para así poderles decir si los resultados fueron exitosos o no." Ella aceptó, y le dije que me pasara a ver después de la conferencia.

Al final, después de haber escuchado el resto de mi conferencia durante ese día, se acercó a mí y me dijo, "Me estás diciendo que mi hijo defeca en sus pantalones porque tiene miedo."

Yo dije, "¡Si Aleluya! ¡Ya lo entendió!"

"Me estás diciendo que no está haciendo esto para controlarnos."

"Absolutamente," respondí empáticamente.

"¡Pues, no lo creo!" dijo ella.

No importa admitir que esto fué un ataque a mi ego, y me estaba volviendo desesperado para hacerla comprender esto. Así que le pegué fuerte a a la mesa— ¡PUM! ¿Qué crees que ella hizo? ¡Saltó!

Le pregunté, "¿Te diste cuenta de la forma en que saltaste? Quiero que lo controles." Me moví alrededor, salté de nuevo frente a su cara, y le pegué a la mesa de nuevo—¡PUM! Finalmente, ella dijo, "¡Está bien, está bien, Comprendo!"

"Para tu hijo, no es distinto," Le dije. "El trauma que el ha vivido lo ha vuelto muy sensible a percibir amenazas."

¿Por qué? Hay una parte en el cerebro llamada amígdala, el receptor de miedo en nuestro cerebro. Tiene un circuito neuronal que corre hacia abajo por la espina dorsal. ¿Dónde crees que aterriza ese neurocircuito? ¡En los intestinos! Es por eso que sentimos mariposas. Es por eso que tenemos intuición en los "intestinos." Es por eso que tenemos dolor de estómago cuando estamos nerviosos. El neurocircuito de la amígdala corre abajo directo a los intestinos y nos ocasiona todas estas cosas cuando nos enfrentamos con una situación de miedo o amenazante.

Por lo tanto, cuando la amígdala del hijo de esta señora se activó—¡BUM! Defecó en sus pantalones. Cuando tenía dos años, fue llevado de regreso al cuidado de su madre biológica justo antes de ser entrenado para ir al baño. Así es que, nunca fue propiamente entrenado. "Está mal," Le dije a esta madre, "eso de sólo pasar de un salón de clases al siguiente, tu hijo defecará en sus pantalones." Ella dijo, "¡Absolutamente!"

"No sólo eso", le dije, "pero cuando estés en el carro con él, y le digas, 'oye, vamos al restaurante,' defecará en sus pantalones." Ella dijo, "¡Sí, absolutamente!"

Comencé a sentirme como un predicador en este punto, "No sólo eso," proseguí, "pero está tan mal, que podría estar en la sala jugando con sus amigos y decirte, 'Mamá, vamos a ir al patio de atrás,' y defecará en sus pantalones." Ella dijo, "¡Sí, estás en lo correcto! ¡Absolutamente!"

El niño tenía trauma alrededor de transiciones. "Si quieres ayudar a tu hijo," Le dije a esta madre, "tenemos que interrumpir esta transición. Tenemos que dar percepción y conciencia a él. Tenemos que decir, 'Hijo, en esos primeros años de tu vida, estuviste de ida y regreso, de ida y regreso, de ida y regreso.' Ahora, en cualquier momento que tengas que ir de ida y regreso a algún lado, te causa terror y defecas en tus pantalones. No sólo eso, pero nunca fuiste entrenado para ir al baño." "Así es que, tenemos que finalmente entrenarlo para ir al baño y empezarlo en una rutina para aliviar su miedo, la activación de su amígdala, y la reacción fisiológica de defecar en sus pantalones. Sencillo, ¿no?" La parte triste es que nunca más volví a saber de esta madre, así es que no sé si ese niño alguna vez mejoró.

Te platico esa historia por tres razones: A mí realmente me importan los niños y familias y saber que esta familia y el niño estaban batallando; Sé que es realmente aterrador y difícil cambiar tu paradigma; y sé que esto funciona. Sé que he observado que funciona una y otra vez.

Esta madre estaba atorada en el antiguo paradigma que el comportamiento de su hijo era enojón, controlador y manipulador. Lo que fallamos en comprender es que nosotros somos controladores y manipuladores cuando estamos asustados. Cuando intentamos ejercer control, es un mecanismo de sobrevivencia. Si estoy estresado y asustado, me siento desesperado por tener control.

PUNTOS CLAVE:

En esta sección aprendimos que trauma es "cualquier evento prolongado, abrumador, impredecible, y estresante." Aquí hay otros puntos claves para recordar:

1. Mientras tu niño comienza a trabajar a través del proceso de sanación, sólo escucha, apoya y motiva.

2. Honra los sentimientos de tu niño, y evita que tus propios miedos acerca de lo que él o ella compartan contigo impidan el proceso de sanación.

3. Quizá tu niño pase por tres tipos de trauma: estrés traumático, trauma de choque, trauma de desarrollo.

4. Niños adoptados usualmente han vivido ambos estrés traumático y trauma de desarrollo.

5. La parte de nuestro cerebro responsable de nuestra reacción fisiológica al miedo se llama la amígdala, y la amígdala es responsable por ese "sentimiento de intuición" que te da.

6. Control es un mecanismo de sobrevivencia, y sólo intentamos ejercer control cuando estamos asustados. Así que, cuando tu niño está tratando de controlar una situación, es porque él o ella están asustados. Manténte atento a esto.

NOTAS

CAPÍTULO 4

Regulación y Desregulación

"NUNCA TE DES POR VENCIDO CON TUS NIÑOS
PORQUE NUNCA SABES CUANDO SE ALCANZARÁN
ALGUNOS CAMBIOS SIGNIFICATIVOS EN LAS ETAPAS
DE DESARROLLO QUE LOS AYUDARÁN MEJOR A
APRENDER LAS DINÁMICAS MÁS APROPIADAS PARA
LA VIDA SOCIAL Y EMOCIONAL."

La Regulación se ha convertido en un término popular, especialmente en neurociencia, porque se ocupa de la "regulación del afecto," la regulación del estado emocional y comportamiento. De cierta manera, es como balancearse en un sube y baja. Te puedes estresar, pero si te puedes mantener en equilibrio, no te sentirás tan enojado o triste. Eso es regulación dentro de tu límite de tolerancia—el nivel de estrés que puedes tolerar sin perder el equilibrio.

La Desregulación, por otro lado, es el estado de estrés del cuerpo *fuera* de la ventana de tolerancia. Cuando estás desregulado te sales de tu habilidad cuerpo-mente para tolerar el estrés.

El hipoactivo e hiperactivo que previamente mencioné son estados de deregulación. Cuando nos enojamos, estamos desregulados e hiperactivos. En un estado de desregulación hipoactiva, talvez nos deprimamos.

Niños adoptados desafiantes y difíciles están crónicamente desregulados y luchando con su habilidad para regularse por sí mismos. Regulación es lo que te permite sentarte quieto, concentrado, sonreír, despertarte en la mañana, decir "buenos días," comer tu desayuno, ir a la escuela, y tener un buen día en la escuela. Todas esas cosas son habilidades regulatorias. Sin esas habilidades, el niño sufrirá todos los días.

El doctor Perry se refiere a este estado en los niños como un "secuestro de amígdala." Tan pronto como la amígdala percibe una amenaza a través de un camino sensorial (lo que vemos, olemos, escuchamos, tocamos, sentimos—hasta temperatura corporal), tiene una reacción. La amígdala no es parte de tu cerebro pensante. Es parte de tu cerebro emocional y se encuentra justo arriba del tallo cerebral.

¿Recuerdas la historia acerca del niño que defecó en sus pantalones? Su amígdala estuvo secuestrada cada vez que tenía que enfrentar una transición. Así es como funciona. La amígdala percibe una amenaza en el ambiente y bombea estas importantes hormonas de estrés, que van hacia la glándula pituitaria y en camino al hipocampo. El hipocampo es considerado el modulador de la amígdala porque el hipocampo nos ayuda a pensar claramente en medio de situaciones estresantes. En estrés, sin embargo, con todas esas hormonas que van hacia él, el hipocampo tiene dificultad de hacer su trabajo propiamente.

El hipocampo también es responsable en gran medida de nuestra memoria a corto plazo. Recuerda que, en momentos de estrés abrumador, nuestros procesos de pensamiento se vuelven confusos y distorsionados, y nuestra memoria es suprimida. Por lo tanto, los niños en un estado crónico de desregulación están confusos.

Padecen de pensamientos distorsionados y supresión de memoria a corto plazo, y es por eso que batallan en la escuela de vez en cuando. Así es que, no es de extrañarse que estos niños tienen frecuentemente dificultades de aprendizaje.

Es un fenómeno común. Al niño que le va bien en la escuela tiene que hacer un exámen estandarizado. La maestra ha dicho toda la semana, "Estos exámenes son muy importantes. Nos tiene que ir bien niños. Yo sé que lo lograrán." El día del exámen llega, y el niño se paraliza, y es incapaz de pensar claramente.

Cuando este estado de estrés es prolongado y abrumador, los trabajos de investigación acerca de estrés muestran que el daño neuronal puede ocurrir en el hipocampo. El hipocampo incluso puede desarrollar nuevas conexiones neuronales que hacen al niño más sensible. Es un mecanismo de defensa, pero en última instancia se construye de una manera destructiva.

Si la amígdala ha sido activada, está en un proceso de aprendizaje que tiene que mantenerse en alerta todo el tiempo. En este estado elevado de alerta, la amígdala está más ejercitada,y el hipocampo empieza a descomponerse. La habilidad del niño lucha para concentrarse; igualmente la habilidad del niño para regularse; y también la habilidad del niño para relacionarse con otros de una manera positiva.

El hipocampo está conectado también con una parte importante de nuestro cerebro llamada corteza orbital frontal, considerada el centro de control ejecutivo para todas nuestras relaciones sociales y emocionales. Es por ello que los niños adoptados que exhiben comportamiento difícil a menudo batallan en relaciones. Por lo tanto,

¿cómo curamos el hipocampo si ha sido dañado por frecuentes secuestros de amígdala?

Hay dos formas de cambiar el cerebro: ambientes positivos y relaciones positivas, más la repetición positiva de ambos. Cuando el estrés es interrumpido por períodos prolongados, el hipocampo se puede regenerar. La corteza orbital frontal—el centro de control social y emocional— es una de las pocas áreas del cerebro abiertas para cambio y desarrollo a lo largo de nuestras vidas.

Antes de seguir adelante, me gustaría mencionar algunas etapas de desarrollo acerca de cada estructura del cerebro y decirte

acerca de un descubrimiento reciente que cambiará la plataforma de crianza.

La amígdala ya se encuentra "en línea" en el nacimiento. Su tasa de crecimiento es igual a la del tallo cerebral. Al tiempo que un niño alcanza 18 meses de edad, la amígdala está completamente desarrollada. Por lo tanto, está funcionando la habilidad del niño de percibir amenazas, miedo y estrés. Por otro lado, el hipocampo —la parte del cerebro que contribuye a calmar el estrés y ayudar al niño a pensar más claramente y menos abrumado —no completa su desarrollo hasta los 36 meses de vida. Esto es importante porque establece una base neurológica para que no permitamos que los bebés lloren hasta dormirse. Es demasiado estresante para sus estructuras de cerebro en desarrollo. Tiende a conducir a bebés estresados y demasiado sensibles. Éste no es un estado ideal para los bebés porque para empezar, encuentran demasiado estrés cuando se considera el alto uso de guarderías, fórmulas manufacturadas, dormir en cunas en vez de la cama familiar, etc.

Así es que, si es posible cuando ayudes a tu niño a prepararse para siestas y en la noche, si la cama familiar no es una opción acuéstate con él hasta que se duerma. Esto le ayudará a aprender a regular su estado interno para dormir a través de tu influencia.

Otro punto de interés es que la corteza orbital frontal no completa su desarrollo hasta ¡que tenemos 25 años de edad! La parte de nuestro cerebro más fácilmente responsable de como llevarnos bien en sociedad no está completamente desarrollada hasta que llegamos a la edad adulta. Le llamamos a los de 18 años, adultos, pero ésto es siete años antes de que sus cerebros estén neurológicamente equipados para funcionar como adultos. El otro punto aquí es que el Sistema de salud mental a menudo dice que el niño está fuera de su alcance o destinado a ser de cierta manera. Pero hasta que el niño alcanza la edad de 25-28 años, hay todavía una gran oportunidad para curar y cambios por ocurrir.

Como dije anteriormente, la corteza orbital frontal es una de las pocas áreas del cerebro abiertas a cambiar a lo largo de nuestras vidas, así que mientras respiremos, hay esperanza de cambio. Tan sólo considera el Discípulo Pablo o San Francisco como ejemplos. Nunca te des por vencido con tus niños porque nunca sabrás si alcanzarán una etapa de desarrollo que les ayude a aprender mejor las dinámicas más apropiadas para vivir social y emocionalmente.

PUNTOS CLAVE:

En está sección aprendimos que nuestra habilidad para mantener el balance en un estado de estrés es lo que la neurociencia ha llamado "regulación." En el lado opuesto de eso está la deregulación, y nuestra meta como padres de niños adoptados es mantenernos regulados y ayudar a nuestros niños mantenerse regulados. Aquí hay algunos puntos para recordar:

1. Niños difíciles y desafiantes están crónicamente desregulados.

2. Niños adoptados en un crónico estado de desregulaión están frecuentemente viviendo un secuestro de amígdala. Sus cuerpos están inundados de hormonas en un esfuerzo por lidiar con la amenaza. No es una respuesta pensante. Es una respuesta emocional causando pérdida de memoria a corto plazo y pensamientos distorsionados.

3. El cuerpo tiene un policía de tránsito llamado hipocampo el cual su trabajo es de modular la respuesta de la amígdala, pero este modulador natural se puede dañar si el niño está en un constante estado de estrés.

4. ¡Pero hay esperanza! Si se crean ambos— un ambiente positivo y relaciones positivas con/para el niño, el hipocampo se puede regenerar, y la respuesta del niño al estrés empezará a moderarse.

5. Hasta que el niño alcanza la etapa final de sus 20's, todavía hay una gran oportunidad para sanar y ocurrir cambios.

NOTAS

CAPÍTULO 5

La Respuesta de Oxitocina

"CADA ACCIÓN HACIA UN NIÑO DEBE ESTAR ORIENTADA A ACTIVAR LA RESPUESTA DE OXITOCINA DE ESE NIÑO."

A continuación, me gustaría compartir contigo uno de los descubrimientos más emocionantes de los que me enteré en algún momento. Este descubrimiento tiene el potencial de cambiar la manera en que nos relacionamos con todos los niños. Se llama la respuesta de oxitocina. Para obtener la información más práctica, específica, y laica en este avance científico, yo sugiero que dejes de leer ahora mismo, ve a PostInstitute.com, y compra una copia del libro de Susan Kuchinskas *La Química de la Conexión*. No estoy bromeando. Deja de leer, y ordena una copia del libro ahorita—¡es así de importante!

La Química de la Conexión explora una hormona poco discutida secretada por el hipotálamo llamada oxitocina, llamada la hormona anti-estrés y, aveces, la hormona de la unión debido a su poder para calmar. Como expliqué antes, cuando la amígdala secreta hormonas de estrés, éstas pasan a través de la glándula pituitaria. Junto a la pituitaria se sienta el hipotálamo. Cuando las hormonas del estrés pasan a través del hipotálamo, se supone que debe activar la respuesta de oxitocina, inundando simultáneamente el cuerpo de oxitocina. Esta hormona ayuda a regular el sistema de respuesta al estrés del cuerpo.

La oxitocina generalmente se menciona durante el proceso de nacimiento porque es necesaria para ayudar a que las contracciones comiencen. También es la hormona crítica liberada cuando una madre amamanta a su recién nacido. Ésta juega un papel importante en el vínculo entre la madre y su hijo—llamado el proceso de apego. La habilidad de la oxitocina para regular el sistema cuerpo-mente es lo que hace posible el apego.

Ahora, es posible que te preguntes que significa esto en la crianza de los hijos. Bueno, hay más implicaciones de las que mencionaré aquí, pero, para empezar, las investigaciones han descubierto que la respuesta de la oxitocina es una respuesta aprendida. No es algo que únicamente ocurre de forma natural. Se requiere dar un cuidado sintonizado y atento para iniciar la respuesta de oxitocina. Sin el cuidado sintonizado y atento, la respuesta no se condiciona adecuadamente ante al estrés crónico, abuso, o ausencia emocional. Por lo tanto, un niño adoptado puede crecer con un sistema de respuesta de oxitocina poco desarrollado. Sin el cuidado sintonizado y atento, la respuesta no se acondiciona adecuadamente frente al estrés crónico, abuso, y ausencia emocional. Así es que un niño adoptado puede crecer con un sistema de respuesta de oxitocina poco desarrollado, haciendo al niño propenso a estados prolongados de estrés, alta ansiedad, agresión, depresión, y una abundancia de otros desencadenantes emocionales.

Con cuidado sintonizado y atento, sin embargo, tu niño adoptado empezará a tener una respuesta saludable a la oxitocina y será capaz de participar en relaciones sociales y emocionales saludables. Todo esto va millas y millas para ayudar a tu hijo a que se vuelva más regulado, desarrolle relaciones seguras, y se sienta más feliz. La conclusión es que la oxitocina es crítica.

De esta investigación no podemos negar la importancia de las prácticas de cuidado sintonizado y atento. Creo que éste es el único gran avance en la historia de crianza, de crear un apego saludable. Cada acción hacia el niño debe estar orientada a activar la respuesta de oxitocina de ese niño. Esto incluye, pero no está limitado a sonreír, estar presentes, escuchar, abrazar, sostener, mecer, jugar, compartir comidas, reír, masajear, paciencia, hacer contacto visual, motivar, no acusar, no amenazar, y no gritar. Cuando tú como padre te equivocas, significa que irás al niño y sinceramente pedirás disculpas. ¡Tú has sido ungido con la hormona preferida de la revolución del amor!

El poder de la respuesta de oxitocina nunca puede ser demasiado. Yo creo que es tan importante. Considera esto cuidadosamente porque vivimos en una sociedad tan estresante, amenazante que hay pocas veces en que interrumpimos el estrés que los niños viven. Muy a menudo, se quedan abrumados, sin oportunidades para regulación prolongada. Una cantidad de cosas que pensamos que son positivas para estos niños crean más estrés y más dificultades en ellos más adelante. Estas cosas incluyen socialización temprana, presión para ambos logros atléticos y académicos, y prácticas tradicionales de castigo como pegar, gritar, aislar, tiempo de espera, modificación de comportamiento, y consecuencias. Tales prácticas comunes crean mínimas oportunidades para que la respuesta de oxitocina entre en acción, así que la regulación no ocurre. En cambio, nuestros niños se quedan con más estrés, ansiedad, y estados emocionales molestos de los que saben como manejar.

PUNTOS CLAVE:

En esta sección, aprendimos que la hormona oxitocina ayuda a regular el sistema de respuesta a estrés del cuerpo. Aquí hay cosas importantes para recordar:

1. Sin un cuidado sintonizado y atento, la respuesta de oxitocina no se vuelve adecuadamente condicionada frente al estrés crónico, abuso, o negligencia.

2. Cuando reciben cuidado sintonizado y atento, los niños pueden empezar a tener una respuesta saludable de oxitocina y participar en relaciones sociales y emocionales sanas.

3. Cuando tú como padre te equivocas, ve a tu niño y discúlpate sinceramente.

4. La socialización temprana, presión por logros, consecuencias, modificación de comportamiento, y prácticas tradicionales de castigo crean mínimas oportunidades para que la respuesta de oxitocina entre en acción.

NOTAS

CAPÍTULO 6

Edades y Niveles de Memorias

"LOS ELEMENTOS MÁS IMPORTANTES DE LA CRIANZA SE BASAN EN EXPRESIONES FACIALES, TIEMPO, INTENSIDAD, TONO DE VOZ, GESTOS, Y CONTACTO VISUAL. SI TÚ SABES COMO PARTICIPAR EN EL NIVEL DE ESTADO DEL NIÑO...EL NIÑO PUEDE SER

Bruce Perry dice, "Todos nosotros durante tiempos de estrés volvemos a nuestra zona de desarrollo de confortable. "Esto significa que tu niño vuelve emocionalmente a una etapa temprana de trauma, lo que yo llamo "barrera de trauma." Cuando un niño se siente estresado, la barrera de trauma entra en acción, y ese niño vuelve a la edad de la barrera del trauma. Los trabajos de investigación dicen que los adultos pueden volver a la infancia cuando están en altos niveles de estrés. Es por eso que puedes tener a un niño de 13 años que se comporta como uno de 3 en la escuela. Si tú le mencionas a un maestro de la escuela que la barrera del trauma del niño es de 3 años, el maestro a menudo dice "¡Oh, estás absolutamente en lo correcto! Ella se comporta precisamente como un niño de tres años."

Todos tenemos tres edades distintas: la edad cognitiva, edad emocional, y edad cronológica. La edad cronológica es el número de años que hemos vivido, pero la edad cognitiva y emocional ambas tienen que ver con el desarrollo. Así es que, ¿qué sucede con un niño de 13 años que se comporta como un niño de 3 años? Obviamente, no es la edad cronológica. Si el estrés es suficientemente fuerte, y la regresión es a un estado infantil, el proceso cognitivo puede ser interrumpido temporalmente, disminuyendo la edad cognitiva del niño a 3 años. Más a menudo que no en esta situación, sin embargo, el niño vuelve a una edad emocional de 3. Aquí está un ejemplo.

Digamos que este niño de 13 años va a una escuela, se estresa, y regresa a la edad de 3 emocional y cognitivamente. Ella dice, "¡No puedo hacer mi trabajo!, ¡No puedo hacer mi trabajo!" Posiblemente respondamos, "¡Bueno, lo hiciste ayer! ¡Por lo tanto sé que lo puedes hacer hoy!" Cuando un intercambio así ocurre, ¿qué es lo que crea para el niño? ¡Más estrés!

Adicionalmente a estas edades/etapas de desarrollo, tenemos cuatro niveles de memoria: cognitivo, emocional, motor, y estado. El nivel cognitivo de memoria es considerado el nivel de memoria más fácil de influenciar. El nivel cognitivo de memoria involucra conceptos como $2 + 2 = 4$, nombres, números de teléfono, direcciones, etc.

Reconocimiento de cara es lo que ocurre cuando me cambio a memoria emocional. Pudiera conocer y aprender el nombre de alguien en la mañana, pero si no he hecho un esfuerzo consciente de guardar la memoria para recordar inmediatamente, puedo no recordar su nombre por la tarde. Puedo verlo después, y la primera cosa que haría es sonreírle y mirarlo. Tendré una reacción inmediata a él, pero si es una reacción basada en el amor, en lugar de una reacción basada en miedo. Podría decir, "Te recuerdo," y el podría responder, "¡Oh, si, yo estaba en el restaurante esta mañana!" Mi respuesta podría ser, "¡Oh, si, Joseph!"

Es ahí donde la memoria cognitiva se activa de nuevo. La memoria emocional empieza a funcionar cuando vemos la cara de alguien o cuando tenemos un sentimiento o emoción acerca de una persona.

No olvides que una emoción y un sentimiento no son la misma cosa. Una emoción es lo que sientes con el cuerpo. Un sentimiento, por otro lado, es lo que tú creas con tu cerebro a través de tu proceso cognitivo.

El siguiente es el nivel motor de la memoria, el cual es inconsciente. Este incluye actividades como caminar, hablar, parpadear, escribir con tu pluma de tinta, y rascarte la cabeza. Raramente, pensamos, "Estoy pensando ahora" porque sucede inconscientemente. Hasta que enfocamos nuestra conciencia en la acción inconsciente, permanece inconsciente.

Finalmente, nuestro nivel de estado de memoria es el más importante a discutir aquí porque se cree que el trauma afecta el nivel de estado de memoria. Este nivel de memoria es asociado con tu tronco cerebral. Se desarrolla muy temprano en la vida. Se cree que el tiempo desde el útero hasta los primeros cuatro años de nuestras vidas es el más importante para el desarrollo de nuestro cerebro y para toda nuestra experiencia.

En el trabajo seminal, *Base Segura* por John Bowlby, el padre del apego, él dice, "Los primeros tres años de nuestra vida establecen el anteproyecto para todas nuestras relaciones futuras." Sabemos que antes de nacer, el cerebro ha desarrollado cada neurona que tenemos para el resto de nuestras vidas. Ocurre un proceso de poda justo antes del nacimiento cuando el cerebro se reduce a algunas neuronas innecesarias. Es crítico entender que altos niveles de estrés y trauma impactan el nivel de estado de la memoria y afecta nuestro rasgo de la personalidad. Perry dice, "Los estados se convierten en rasgos." Lo que sucede en el nivel de estado de memoria desarrolla la personalidad. Por lo tanto, si un niño vivió traumas a ese nivel, eso es significativo.

Los científicos también han dicho que el nivel de estado es el nivel más difícil de influenciar de la memoria. Desde nuestras perspectivas tradicionales de terapia de conversación, esa es una declaración verdadera, pero cuando trabajamos desde una perspectiva emocional orientada hacia la respuesta de oxitocina, esto no es cierto. El reto es que generalmente operamos desde dicha perspectiva cognitiva que perdemos oportunidades vitales para influenciar el nivel de estado. Es simplemente cuestión de involucrar al nivel de estado.

Es crítico entender que criar es mucho más un ejercicio emocional que cognitivo. Los elementos más importantes de criar se encuentran en expresiones faciales, tiempo, intensidad, tono de voz, gestos, y contacto visual. Estos son los caminos más influyentes para el nivel de estado de memoria del niño. El nivel de estado de los niños que han vivido trauma es accesible 24 horas al día. Si tú sabes como involucrar el nivel de estado del niño, el cual implica ir más allá que sólo hablar, el niño puede ser influenciado positivamente.

Por ejemplo, para involucrar tu nivel de estado, todo lo que tengo que hacer es dejarte de hablar y tocarte. Colocando mi mano en un hombro comprometerá a tu nivel de estado. En ese instante, tu enfoque se vuelve acerca de si yo soy una persona segura o una amenaza. Esto sucede sin decir una palabra, pero sucede al nivel de estado.

El nivel de estado está siempre presente y siempre accesible, pero muy a menudo reforzamos el nivel de estado de una manera negativa. Dr. Perry dice que, "A partir de encontrarse un evento novedoso, todos los seres humanos perciben ese evento como una amenaza hasta que se considere lo contrario." Es automático. Ten en cuenta que cualquier transición, tal como ir de un lado del cuarto a la puerta, es un evento nuevo. La reacción de un niño adoptado a un evento novedoso es intensificada por su previa experiencia cuerpo-cerebral. Su amígdala es mas sensible, así que las transiciones pueden ser altamente traumáticas.

¿Qué pasa cuando le dices a un niño a quien su amígdala se ha vuelto demasiado sensible. "¡Bryan levántate y sal afuera de la puerta!" El niño se detendrá y dirá, "¡No!" ¿Qué haría el adulto típico si alguien dijera, "¡Levántate y sal afuera de la puerta!" El adulto se detendría ahí por un minuto y preguntaría porque le esta pidiendo tal cosa, pero el adulto probablemente empezaría a caminar hacia la puerta porque, en su cerebro, él podría decir, "Esa no es una gran amenaza." Pero al niño a quien se le dijo que se levantará y caminará hacia la puerta se asustará porque el comando es inmediatamente una gran amenaza a ese niño. En muchas situaciones, se siente como una amenaza de vida o muerte. El niño se congela sólo porque alguien dice levántate y camina afuera de la puerta.

Ahora, podrías preguntar porque eso es tan amenazante. La respuesta a eso sería larga, pero la simplificaré contestando con un "que tal si." ¿Qué tal si al niño se le ha pedido salir afuera de la puerta en el pasado, y él fue sacado por servicios sociales o la policía y nunca regresó? O, como con un bebé saliendo de esa puerta, pudiera representar nunca ver a su madre de nuevo. ¿Puedes comprender la magnitud que incluso una simple petición puede tener en un niño adoptado?

Desafortunadamente, lo señalamos rápidamente al niño que sólo es controlador o desafiante, un triste error de juicio del corazón de un niño adoptado.

Como muchos de nosotros aprendimos en Psicología 101, tenemos dos reacciones iniciales a un evento: lucha o vuela. En los últimos 20 años, sin embargo, los científicos han añadido una tercera reacción—congélate. Mientras que la reacción de congelación es nueva, es importante porque es la primera reacción que todos tenemos. Nos congelamos antes de luchar o huir. Nadie sólo corre hacia alguien y empieza a pelear. Nadie automáticamente huye. Se congelan al principio, tiempo suficiente para percibir a la otra persona como una amenaza.

La respuesta de luchar viene después de una respuesta de congelación. Nos da miedo primero. El enojo es un mecanismo de defensa porque no se usa para luchar o atacar, pero para alejar a otros. Es por eso que cuando te acercas mucho al nido de una madre de un pájaro, ella empieza a graznar. A medida que te acercas, ella te ataca. Ella te demuestra que esta enojada, pero en la raíz de esa ira está su miedo. Nosotros sólo nos enojamos cuando estamos asustados.

Por lo tanto, es importante entender que cuando un niño percibe un evento novedoso—y cualquier situación para un niño traumatizado puede ser un evento novedoso—la reacción de congelación es la primera respuesta. Esta puede ser seguida por la lucha (ira) o vuelo (retiro), dependiendo si el niño es hipo-activo o hiper-activo.

Es por esto que esos niños tienen tanta dificultad con transiciones de la casa al carro, de un salón de clases a otro, o incluso de una sala al baño. "Todo es una batalla," el padre dice, y el padre está en lo correcto. Cuando el mecanismo de supervivencia está en marcha, todo es una batalla.

Aquí hay un escenario: Estás disfrutando una tarde con tu niño y estás muy calmada. Tú dices, "Oye, Sam, levántate, y saca la basura." El problema es que Sam está viendo la televisión, y tú le estás pidiendo hacer una transición. El dice, "Si, si, claro," pero continúa viendo la televisión. Tú no estás estresado, y dejas a Sam solo. Cerca de cinco minutos después, le dices, "Sam, realmente necesito que saques la basura afuera." Esta vez, Sam hubiese tenido una reacción de amígdala: "¡Es una amenaza, es una amenaza, es una amenaza!" Pero ese extra-espacio que le diste a la transición en su mente le dió al hipocampo tiempo para entrar en juego, "Puede ser que no sea tanto una amenaza." El pudo prepararse emocionalmente para cambiar de ver televisión a sacar la basura. El se volvió más flexible porque tuvo tiempo para regularse.

Los niños adoptados son inflexibles crónicamente. Son inflexibles porque están congelados, tan a menudo atorados en la reacción de congelación. Ahora, ¿qué sucede si tú pierdes la paciencia con Sam cuando no saca la basura? Digamos que pierdes tu temperamento y dices, "¡Saca la basura, AHORA!" ¿Qué sucede en el cerebro de Sam? Se vuelve más estresado y más asustado. Su amígdala entra en acción, no hay una respuesta de oxitocina, y su hipocampo no puede hacer su trabajo. Tales reacciones comunes de padres indudablemente entran en la creación año tras año de condicionamiento negativo entre padres y niños simplemente porque carecemos de entendimiento.

PUNTOS CLAVE:

Hemos aprendido en esta sección que tenemos cuatro niveles de memoria que impacta como reaccionamos con el mundo: cognitiva, emocional, motora, y de estado.

1. Memoria cognitiva es donde almacenamos cosas tales como nombres, números de teléfono, etc.

2. Memoria emocional es donde almacenamos caras y experimentamos sentimientos y-o emociones acerca de una persona.

3. Memoria motora es inconsciente y es donde almacenamos los comandos para caminar, hablar, etc.

4. Memoria de estado es donde los niños adoptados almacenan los traumas que han vivido. También es el nivel que requiere la mayor atención de los padres adoptivos tratando de ayudar a sus niños.

NOTAS

CAPÍTULO 7

Explorando que está
Debajo de la Superficie

"LO QUE SUCEDE CON LOS NIÑOS ES QUE LOS
ETIQUETAMOS BASADO EN SUS COMPORTAMIENTOS
COMO HIPERACTIVO, DESAFIANTE, O AGRESIVO. TAN
PRONTO COMO HACEMOS ESO, SOMOS CULPABLES DE
VER SÓLO LA PUNTA DEL ICEBERG."

Es importante comprender que es lo que está debajo de
la superficie del comportamiento del niño adoptado. Si
estás flotando en tu canoa y ves un enorme pedazo de
hielo, ¿qué le dices a tu compañero? "¡Ahí está un
iceberg!" Pero lo que estás viendo no es la totalidad del
iceberg; es la punta del iceberg. Los científicos dicen que
sólo 10%-15% de un iceberg está arriba de la superficie,
mientras que el resto está debajo de la superficie. Lo
mismo se puede decir acerca de niños adoptados y sus
comportamientos. Cuando vemos el comportamiento de
un niño, sólo vemos la punta del iceberg.

Lo que sucede con los niños es que los etiquetamos
por sus comportamientos como hiperactivo, desafiante, o
agresivo. Tan pronto como hacemos eso, somos culpables
de ver sólo la punta del iceberg. Hemos basado
suposiciones únicamente en el comportamiento, pero hay
algo más profundo que sólo el comportamiento que
tenemos que entender.

Debemos llegar al fondo y nadar a donde el resto del iceberg se encuentra. Pero nuestros propios miedos se establecen. "¡Es demasiado grande!" "Volvamos a la punta." Queremos ignorar lo que está debajo de la superficie, pero la solución requiere que saquemos el iceberg del camino. Podemos intentar eliminar el iceberg desde la punta, pero ¿entonces qué sucede? La siguiente capa del iceberg debajo flota sólo en la superficie. Lo que debemos hacer es nadar hacia abajo con algo de dinamita y hacer volar el fondo. Cuando nos hacemos cargo de la situación desde el fondo—la fuente—la punta simplemente flota. Con niños difíciles, aquéllos con historias de trauma como los niños adoptados, debemos ponernos debajo del comportamiento y tratarlo a ese nivel.

PUNTOS CLAVE:

Esta sección ilumina como es que la fuente del comportamiento de un niño está frecuentemente debajo de la superficie. Recuerda estos puntos clave:

1. Debemos ponernos debajo de la superficie y hacernos cargo de la situación desde el fondo.

2. Los comportamientos difíciles deben ser tratados desde la fuente.

NOTAS

CAPÍTULO 8

El Modelo Estrés

Una gran parte del nuevo paradigma es el Modelo Estrés, una sencilla fórmula teórica que uso en mi trabajo. Claro, su simplicidad es que lo que hace tan difícil para la gente de entender. No somos una sociedad que ve las cosas simplemente. ¿Porqué? Todo vuelve al estrés una vez más, que distorsiona la habilidad del hipocampo para pensar claramente. Porque el estrés causa pensamientos confusos y distorsionados, tendemos a ver cosas más complicadas de los que realmente son cuando estamos en un estado de estrés.

En toda su simplicidad, el Modelo Estrés, significa que todo comportamiento surge de un estado de estrés. Entre el comportamiento y el estrés hay una emoción primaria. Recuerda que hay sólo dos emociones primarias: amor y miedo. Es a través de la expresión, el procesamiento, y el entendimiento del miedo que podemos calmar el estrés y disminuir el comportamiento. Yo he aplicado este modelo con gran éxito incluso a los casos más severos.

¿Recuerdas el niño de 11 años que no pudo dejar de defecar en sus pantalones? Ese es un buen ejemplo de comportamiento que surge de un estado de estrés. Un principio básico del Modelo Estrés tiene que ver con la diferencia entre reaccionar y responder—algo que los padres deben aprender. Un padre puede hacer una gran diferencia en la vida de un niño cuando aprende como ser responsable en lugar de reaccionario al comportamiento del niño.

Vamos a tomar como ejemplo el mentir. (Discutiremos mentir con más detalle en el siguiente capítulo). Cuando un niño miente, el padre tiene la oportunidad de responder y no reaccionar. Si el padre reacciona, el puede decir, "¡No me mientas!" Una respuesta, sin embargo, podría ser, "Guau, algo debe estar pasando contigo." El estado reactivo, claro, es impulsado puramente por el miedo, pero respondiendo también implica miedo. Para alcanzar el estado receptivo, el padre podría tener que hablarse a sí mismo y decir, "Puedo estar calmado y responder, y saber que todo va a estar bien." Confiando en eso, sin embargo, puede ser aterrador.

Esto es lo que yo considero un ejemplo ideal de responder. El nieto del gran Mahatma Gandhi una vez tuvo que recoger a su famoso abuelo en el aeropuerto. Él llego tarde, y cuando su abuelo le preguntó porque había llegado tarde, el mintió. Pero su abuelo ya había hecho una llamada y supo exactamente porque él llego tarde. Mahatma Gandhi tuvo las lágrimas más grandes en sus ojos y éstas se derramaron en su cara. Él miró a su nieto y dijo, "Debo arrepentirme por lo que sea que yo haya hecho para asustarte tanto que tendrías que mentirme. Caminaré a casa estas 18 millas para arrepentirme." El nieto de Mahatma Gandhi manejó cinco millas por hora en la

obscuridad mientras su abuelo caminaba a casa esas 18 millas.

Podrías pensar que éste es un gran viaje de culpa, pero no lo es. Es la última forma de responsabilidad porque el nieto aprendió desde ese punto en adelante que puede ser honesto con su abuelo, sin importar las circunstancias. Era la última responsabilidad del abuelo. En esencia, él dijo, "No te voy a hacer esto a ti. Voy a hacer esto para arrepentirme a un nivel más alto." Es poderoso, ¿no?

En nuestra sociedad ahora, solemos decir, "Bueno, el niño mintió, así que él debió haber caminado las 18 millas." Ese es un ejemplo de ser reactivo en lugar de receptivo.

PUNTOS CLAVE:

En esta sección, aprendimos acerca del Modelo Estrés, que dice, "Todo comportamiento surge de un estado de estrés." Esto es crítico para nuestro entendimiento de los retos que enfrentamos con nuestros niños adoptados.

1. Recuerda que tus niños están estresados y que el estrés causa pérdida de memoria a corto plazo y pensamientos distorsionados.

2. Como padres, podemos hacer una gran diferencia en la vida de nuestros niños si aprendemos a ser receptivos en lugar de reaccionarios. ¡Gandhi pudo, y tú también!

NOTAS

CAPÍTULO 9

Mentir

"CUANDO UN NIÑO DICE UNA MENTIRA, PROVIENE DE UN LUGAR DE TERROR ABSOLUTO."

La mayoría de los padres batallan con el comportamiento de mentira en niños. Yo quiero darte una fórmula y una manera de entenderlo que hará mucho más posible influir en el comportamiento. Mentir es común, y la fórmula que uso es efectiva. Algunos padres han encontrado que funciona la primera vez que lo intentan. Ellos han dicho, "Lo intenté una vez, y mi niño no ha mentido desde entonces." Una madre me dijo que después de intentar la fórmula por unas pocas semanas, sus dos niños adoptados le mintieron menos y empezaron a captarse a sí mismos antes de mentir.

Ella me dijo una historia acerca de su hijo de 12 años quien rompió una de las muñecas de juguete de su hermana y le preguntó a su madre cuanto costaba para que él pudiera comprarle a su hermana otra. Su madre le agradeció mucho porque antes de que ella empezara a usar la fórmula de mentir, él hubiera escondido la muñeca rota en el fondo de su caja de juguetes para ocultar lo que él hizo. Él nunca lo hubiera admitido.

La fórmula para ayudar a un niño a superar la mentira es ignorar la mentira, pero sin ignorar al niño. Permíteme decir esto de nuevo: Ignora la mentira, pero no ignores al niño. Cuando ignoras la mentira, estás ignorando el estado de miedo y estrés del niño. Cuando un niño dice una mentira, proviene de un lugar de terror absoluto. Recuerda la historia acerca de Mahatma Gandhi y su nieto. Todos decimos mentiras, pero esas mentiras provienen de estrés y miedo. Los niños con historias de trauma mienten porque para ellos, es una situación de vida o muerte. Estos niños creen que diciendo la verdad significará abandono. Entonces, tienen que mentirte, y se aferran a la mentira por supervivencia. Sus mentiras son tan convincentes porque sus vidas dependen de esas mentiras. Estas creencias podrían ser una distorsión de la mente, pero esas distorsiones son reales para el niño.

    ¿Qué sucede cuando amenazas la colocación del hogar adoptivo de un niño adoptado por su comportamiento? ¿Qué sucede si tú le dices a ese niño, "Si no empiezas a comportarte mejor, tendremos que buscarte otro hogar," o "¿Si esto de estar mintiendo no termina, te saldrás de aquí?" Este es un buen ejemplo de una verdad: Acción sin el entendimiento nos lleva de nuevo a la oscuridad. John Bowlby dijo, "La amenaza de pérdida es igual a la pérdida misma." Tan pronto que tú amenaces a ese niño, inicias una reacción de dolor que provoca miedo y estrés. Tú sabes lo que viene después — confusión y distorsión.

    En ese estado de pensamiento distorsionado con miedo, el niño sólo pensara, "¡Oh cielos!, ahora tengo que mentir mejor. Tengo que ser *realmente* convincente." El niño está convencido que su vida está en peligro. Recuerda que estos son comportamientos inconscientes. Los niños inconscientemente se revelan. Los niños actúan desde un lugar inconsciente impulsado por el miedo y estrés. Ellos actúan por temor.

Así que, cuando un niño te dice que no comió las galletas, aunque tenga migajas alrededor de su boca, miente porque está aterrado. Ignorar la mentira es difícil para los padres porque pone la responsabilidad de nuevo en nosotros como adultos. Nosotros tenemos nuestras propias reacciones de miedo cuando un niño miente. Así que, tenemos que calmarnos en estas circunstancias. Entonces, podemos decir algo así como, "Te amo, me preocupo por ti, y todo va a estar bien. ¿Comprendes?" Esto crea apoyo para el niño, quien esta en un estado de estrés. Respondiendo en vez de reaccionar evita crear más estrés para el niño. Más estrés sólo empeora las cosas. El niño entonces sacude su cabeza con incredulidad porque no lo hemos gritado o abofeteado. Así que, ignora la mentira, pero no al niño.

Como padre, después de que ofrecí este apoyo y amor—mi niño quien me acababa de decir una mentira—Puedo alejarme y desahogarme en mi recámara, si es necesario. Durante este tiempo, puedo calmarme, y le da tiempo al niño de calmarse también. Unas horas después, puedo regresar y decir, "Cariño, cuando me mientes, realmente me hiere. Me asusta, y necesito que sepas que todo va a estar bien." Cuando hago esto, me estoy dirigiendo al nivel del corazón del niño. La descripción de disciplina es enseñar, no castigar, por lo tanto, si verdaderamente yo quiero que mi niño aprenda y no mienta de nuevo, tengo que enseñarle. Debo darle primer el tiempo y espacio para que se calme del estrés para que su pensamiento se vuelva más claro.

Cuando el niño sale del estado de estrés, su pensamiento estará más claro, y su memoria a corto plazo estará disponible. Ahí es cuando el podrá *aprender*.

Claro, puede tomar la repetición de esta fórmula antes de que veas mayores resultados, pero tendrá un efecto dramático en el niño la primera vez que lo uses. Éste es un regalo gratis para ti: Ve a www.postinstitute.com a descargar mi libro versión electrónica, y mi esperanza es que tú lo recomiendes a muchos otros padres que lo necesiten.

PUNTOS CLAVE:

En esta sección, hemos aprendido que los niños mienten por otras razones distintas a lo que tradicionalmente se piensa. ¡Estos principios no son fáciles de aplicar, pero lo puedes hacer!

1. Ignora la mentira, pero no al niño.

2. Tu niño adoptado mentirá por necesidad de sobrevivir.

3. Los niños actúan desde un estado inconsciente impulsado por miedo y estrés.

4. Usa el enfoque basado en el amor para abordar los comportamientos.

CHRONICLES OF B

By: Bryan Post Illustrated By: Mark Trotter

NOTAS

CAPÍTULO 10

Robo y Auto-Mutilación

"RESPONDER EN LUGAR DE REACCIONAR EVITA
CREAR MÁS ESTRÉS PARA EL NIÑO, LO CUAL SÓLO
EMPEORARÍA LAS COSAS."

¿Porqué puse robar y auto-mutilación juntos en una sección? Porque ambos comportamientos son adictivos. Una adicción, es un intento externo de calmar un estado interno. El niño ha aprendido que puede robar o lastimarse a sí mismo como una manera de obtener una recompensa positiva. Cuando un niño roba o se corta a sí mismo, crea una liberación química dentro del cerebro y el cuerpo, permitiéndole sentir el alivio que necesita en ese momento. De nuevo, todo esto sucede inconscientemente.

Vamos a decir que un niño entra a la tienda Walmart, y la estimulación sensorial en una tienda tan grande lo abruma. Entonces, ¿Qué hace? Él coloca algo en su bolsillo. El momento en que coloca eso—lo que sea—en su bolsillo, hace que se sienta bien, y lo relaja.

Cuando yo tenía nueve años —ya era un ladrón experto en ese tiempo—Yo fuí a una farmacia planeando robar algo. Ni siquiera tenía un toca casetes. Uno de estos parecía decirme, "Llévame, Bryan," y otro decía, "¡No, Bryan, yo!" Otro más dijo, "¡No, Bryan, yo soy el que tú quieres!" Así que tomé los tres y los metí en mi bolsillo, y salí. Tan pronto como los tomé, me sentí bien. Caminé a la esquina de la calle principal, crucé la calle, aventé los casetes en el piso, y continué caminando. No tomé los casetes porque los quería o necesitara. Los tomé porque necesitaba el sentimiento que esos casetes me dieron, y ese sentimiento fue suficiente para llegar hasta la siguiente vez que estuviera estresado y necesitara alivio.

Yo fuí adoptado cuando tenía cerca de tres meses de edad. Estuve un tiempo en crianza temporal, pero no mucho tiempo. Cualquier tiempo en crianza temporal, sin embargo, es mucho tiempo para cualquier niño. Yo expresé esto alguna vez en una estación de radio para NPR de Australia. El entrevistador me preguntó porque dije ésto, considerando que crianza temporal saca a niños de situaciones malas. Yo respondí que crianza temporal no es algo malo, pero no es una situación permanente para un niño, lo cual es estresante, no importa como lo percibas. Además, cualquier niño que es colocado en crianza temporal, ya ha pasado por mucho sufrimiento —para un niño que de tan corta edad debe haber vivido. Adicionalmente, por las mudanzas tan frecuentes que ocurrieron en crianza temporal, rara vez hay una verdadera oportunidad para el niño de sanar. En cambio, el trauma es solamente reforzado y acumulado.

Compartiré una historia acerca de mi propia hija de crianza/adoptada. Ella vino a mi vida y a la de mi esposa cuando tenia 18 años. Cuando la encontré, ella estaba sin hogar y viviendo en las calles. El sistema que pasó un promedio de $10,000 dólares por mes en su cuidado por los últimos 10 años, le permitió que ella se fuera del cuidado, sin recibir más ningún tipo de apoyo. Desde el día que entró a crianza temporal a la edad de 8 hasta que tenía 19, el periodo más largo que había vivido en un lugar que no fuera un centro de tratamiento residencial había sido, ¡por sólo tres meses! Ahora, no me puedes decir que crianza temporal fue nadamás que traumático para esta jovencita, y se nota. Se nota todos los días mientras tratamos de ayudarla a sanar.

Entonces, si tales traumas tempranos pueden provocar el comportamiento de robar, ¿Qué puedes hacer para detener a tu niño de robar? Lo primero es ayudarlo a ser consciente de la razón por la que roba. Tú podrías ponerlo de esta manera. "Cariño, ¿sabes qué? Cuando vas a la escuela, la razón por la que robas es porque te estresas y abrumas. Te sientes realmente asustado, ¿no? Y cuando te sientes realmente asustado, quieres hacer cosas que te hacen sentir mejor. Entonces, pones cosas en tus bolsillos que no te pertenecen. ¿Has pensado alguna vez acerca de ésto?" Incluso, esta pequeña cantidad de reconocimiento puede empezar a impactar significativamente al niño. Cuando el niño empieza a poner algo en su bolsillo, el pensará, "Estoy muy asustado en este momento." Al principio, probablemente el ponga el artículo en su bolsillo de todos modos, pero el reconocimiento ha empezado. Y este es el primer paso.

La segunda cosa por hacer acerca de robar es entender que suele ser el resultado de que el niño se abruma en ciertos ambientes como en una tienda. El niño se vuelve sobre-estimulado por el número de gente y la cantidad de actividad en ese ambiente. Esta sobre-estimulación, sucesivamente, causa estrés. Robar entonces ayuda al niño a calmar el estrés. ¿Puedes ver porque digo que robar es una adicción?

Cualquier comportamiento suele ser predecible. Si te tomas el tiempo de observar, normalmente te darás cuenta cuándo sucede, a qué hora sucede, cómo sucede, y de qué se trata. Verás a qué está reaccionando el niño, lo cual causa el comportamiento severo. Este reconocimiento puede ser empoderador para un padre adoptivo quien se siente completamente fuera de control.

La verdadera definición de control, por cierto, es la habilidad de influenciar el comportamiento de otro. Ten en cuenta que no es la habilidad de *dominar* a otra persona, sino simplemente la capacidad de *influenciar*. Daniel Goldman, autor de *Inteligencia Emocional,* dice, "la amígdala más tranquila tiene la capacidad de calmar y regular a la amígdala más desregulada." La amígdala tranquila de mi esposa tiene la capacidad de calmar mi amígdala estresada, y tu amígdala tranquila tiene la capacidad de calmar la amígdala estresada de tu niño. Tú haces ésto a través de las vibraciones positivas que tú envías.

Entonces, ayudando al niño a entender porque está robando empieza el proceso de regular la amígdala del niño—el receptor de miedo del cerebro. La tercera cosa por hacer es crear más restricción en el ambiente. Podrías decirle a tu niño, "Cuando vamos a Wal-Mart, vas a tomar mi mano y quedarte conmigo. Si, yo se que tienes 14 años, pero vas a tomar mi mano de todos modos." Eso es restricción porque estás reduciendo el estrés del niño y reduciendo su miedo en este ambiente sobre-estimulado. Si el niño resiste sostener tu mano o la sugerencia de subirse al carrito de compras (si el niño es pequeño), no lo regañes ni lo obligues. Eso sólo creará estrés adicional para ambos.

Hay una diferencia entre enfoque punitivo basado en el miedo y enfoque basado en el amor para lograr que el niño sostenga tu mano o se suba al carrito, y esa diferencia es todo ¡en la forma como lo digas! Aquí hay un ejemplo de un enfoque punitivo basado en el miedo: "Cariño, súbete en el carrito porque no quiero que robes nada en esta tienda y causes que me avergüence, haciendo que nos saquen."

Aquí hay un ejemplo de un enfoque basado en el amor: "Cariño, se que cuando venimos a estas tiendas, te abrumas. Entonces, voy a tenerte en el carrito porque así, yo sé que te puedo mantener seguro. Ambos la pasaremos muy bien aquí. ¿Está bien? Las palabras que usas sientan las bases para que tu niño acepte lo que escucha. Muchos niños adoptados nunca recibieron esta crianza basada en el amor. Entonces, cuando se sienten asustados, no tienen nada a que recurrir. En lugar de regañar a un niño asustado, tranquilizas al niño, y así es como cambias el comportamiento.

¿Cómo se relaciona todo esto con automutilación? Una vez más, es un intento de calmar el estrés. Los niños que se cortan a sí mismos son generalmente niñas adolescentes deprimidas. Muchas de ellas tienen un transtorno del límite de la personalidad y están en un estado de hipo-excitación.

Cuando le preguntas a una de estas niñas porque se cortan a sí mismas, es probable que diga, "Porque se siente bien." Es difícil para los adultos entender eso. ¿Cómo puede ser posible que se sienta bien? Pero estos son niños que se sienten desensibilizados así que cuando se cortan, se sienten bien por un momento porque sienten algo. Obtienen una recompensa—una liberación. Angelina Jollie solía cortarse a sí misma y dijo en una entrevista,

"Me corto y observo mi sangre correr porque me dió un ímpetu."

Los niños que se auto-mutilan tienen historias de trauma. No hay muchos niños que se cortan a sí mismos que no hayan vivido trauma significativo en el pasado. Para muchos de esos niños, el trauma involucra abuso sexual. Así como con robar, debes de llevar las razones para la cortada a la conciencia del niño. Puedes decir, "Tú te cortas a ti mismo cuando te sientes realmente estresado y asustado." Una vez más, quieres crear un ambiente para que el niño exprese, procese, y comprenda el trauma que causó el comportamiento.

Si tú sabes del trauma, puedes crear la historia para la niña. Abrázala, y dile, "Cuando tú eras una niña pequeña, esto te sucedió, y fue muy aterrador para ti. Y es por eso que te cortas a ti misma." Ayúdala a hacer esa conexión emocional para que ella pueda procesar y comprenderlo. Esto comenzará a ayudarla a detener el comportamiento de cortarse a sí misma.

Es importante para los padres comprender que no ayuda el decir, "No te cortes. No está bien!" No le grites, "¿Cómo puedes hacer eso?" Este comportamiento es la única manera que ella sabe como lidiar con el estrés y el miedo. Si tú ves que tu niña se ha lastimado a sí misma, intenta decir algo como, "¡Guau!, ¿qué esta sucediendo? ¿Qué sucedió?" Porque la próxima vez que suceda, quieres estar seguro de que estás ahí. Si tú reaccionas en vez de responder, causando que la niña sienta más estrés, ella ocultará el comportamiento de ti. Eso impedirá que tengas la oportunidad de estar ahí con tu niña para regularla y cambiar su comportamiento.

Es importante comprender que la niña que se corta a sí misma va a cortarse si eso es lo que tiene el impulso de hacer. Esto es difícil, pero tú debes poder decirle a tu niña "Córtate si lo necesitas pero yo realmente quisiera que vinieras y me dijeras cuando tú sientes que necesitas cortarte. Ven a mi antes de que lo hagas." Cuando haces esto, le ofreces a la niña la oportunidad para seguridad y restricción. Si tu niña pasa el tiempo contigo, y le ofreces apoyo y consuelo, se calmará. Eventualmente, ella pueda no sentir la necesidad de lastimarse a sí misma. ¿Puedes imaginarte ésto? Es el poder de tomar esa experiencia inconsciente y volverla consciente. Tan pronto como hagas eso, el dolor de la cortada se intensifica, y deja de sentirse bien. Ella empezará a cortarse y estará más consciente de lo que está pasando. De pronto, ella pensará, "Me estoy cortando. ¡Ay!" Ella ya no está desensibilizada.

PUNTOS CLAVE:

Como una revisión general de esta sección, aquí hay algunas cosas prácticas para recordar. Una vez más, estos principios no son fáciles de aplicar, ¡pero lo puedes hacer!

1. Una adicción, como automutilación o robar, es un intento externo de calmar un estado interno. Ese estado es MIEDO.

2. Dos consejos rápidos para cuando roba:
   a. Ayuda a tu niño a entender la razón por la que el/ella roba.
   b. Reduce el nivel de estrés con restricciones.

3. Crea ambientes donde el niño pueda expresar, procesar, y entender el trauma que ha causado el estrés y lleva al comportamiento.

4. Usa un enfoque basado en el amor para manejar el comportamiento.

NOTAS

CAPÍTULO 11

Comportamiento agresivo

"ESTUDIOS DE INVESTIGACIÓN EN ESTRÉS INDICAN QUE CUANDO ENCONTRAMOS UN ALTO NIVEL DE ESTRÉS, LAS CÉLULAS DE NUESTRO CUERPO EN REALIDAD SE CONSTRUYEN PARA SOBREVIVIR."

Así como he citado previamente a Perry, "Cuando cualquiera de nosotros encuentra un nuevo evento, lo percibimos como una amenaza hasta que se considere lo contrario." Si pasas por mi lado, y no puedo percibir en ese momento que tú eres seguro, inmediatamente percibiré que eres una amenaza. Si soy un niño adoptado sin la habilidad de determinar que no estoy amenazado en lo que otros considerarían una situación segura.

Digamos que tu niño está en el área de juegos de la escuela. Otro niño pasa corriendo a un lado de él, y ni siquiera juega con él, y tu niño hace que se tropiece o muerde a este niño. Comprende que, en ese momento, tu niño no pudo percibir que este niño no era una amenaza. Es un acto impulsivo; tiene que ver con el control de impulso.

Esto es cierto en niños que lastiman animales. Algunos niños que hacen cosas crueles a los animales, sin embargo, están recreando un trauma temprano. Si el niño vivió abuso, esta crueldad puede ser una manera distorsionada en la que el niño está intentando sanar su trauma. No sabes cuantos niños con los que he trabajado que han matado de hambre a un animal porque estaban descuidados continuamente y no se les dio suficiente comida en el pasado. Estos niños están tratando de trabajar a través del trauma y no se han dado cuenta de lo que están haciendo. Una vez más, estas creencias que tengo son contrarias a la opinión popular. Te animo a que sólo intentes ver a tu niño de una manera diferente por poco tiempo. Quizás tú, también verás que hay una perspectiva diferente de la que nos han venido enseñando.

Un niño que tiene dificultades con otros, especialmente compañeros, es un niño que ha retrocedido a una edad emocional más inmadura. Como resultado, las habilidades sociales del niño se ven afectadas. Estudios de investigación indican que cuando nos encontramos con niveles altos de estrés, nuestras células del cuerpo se contraen para sobrevivir. En este caso, no podemos tener conciencia, porque en niveles altos de estrés, la única cosa en que nos podemos enfocar es en nuestra propia supervivencia. Es por eso que estos niños parecen no tener conciencia, pero esta es una idea quivocada. Cuando se vuelven regulados, y no están más en modo de supervivencia, encontraremos que en efecto tienen conciencia.

PUNTOS CLAVE:

Los comportamientos agresivos pueden ser aterradores, pero es importante para los padres recordar que estos comportamientos son resultado de que el niño perciba un evento como una amenaza. Recuerda:

1. Algunos niños que hacen cosas crueles están recreando un trauma temprano.

2. Si el niño ha vivido abuso, el comportamiento puede ser una manera distorsionada de intentar sanar ese trauma.

3. Cuando las células del cuerpo se contraen para sobrevivir durante altos niveles de estrés, no podemos tener conciencia porque estamos únicamente enfocados en nuestra propia supervivencia.

4. Cuando estos niños se vuelven regulados y no están más en modo de supervivencia, ellos tienen conciencia.

NOTAS

CAPÍTULO 12

¿Qué es lo que tiene en común mentir constantemente, robar, crear problemas, matar animales y acumular comida?

"TÉCNICAS DE CRIANZA NO CONVENCIONALES HAN SIDO ENSEÑADAS A PADRES PARA CONTROLAR ESTOS NIÑOS—NIÑOS QUE HAN SIDO LLAMADOS 'PERTURBADOS' O 'DESAPEGADOS."

Cada uno de estos comportamientos está relacionado con un diagnóstico psiquiátrico que los profesionales en Salud Mental están reconociendo rápidamente como Trastorno Reactivo de Apego (RAD). Una vez el poco conocido extraño diagnóstico de Salud Mental, RAD se ha convertido en la nueva palabra de moda en la industria de Salud Mental.

RAD fue dado a conocer por primera vez cerca de 20 años atrás. Desde ese tiempo, mucha de la información con respecto a este trastorno ha pintado un triste y a menudo peligroso cuadro de aquéllos diagnosticados con esto—más a menudo los niños. Libros y artículos han comparado niños que tienen RAD con asesinos en serie, violadores, y criminales expertos. Técnicas no convencionales de crianza han sido enseñadas para controlar a estos niños—niños llamados "perturbados" o "desapegados."

La premisa principal de RAD es que el niño no puede formar relaciones positivas duraderas. El niño con RAD parece ser incapaz de relacionarse socialmente o apegarse a otros. Muchos de los comportamientos parecen aterradores y completamente peligrosos, dejando a los padres sintiéndose resentidos, culpados, y castigados por otros. Dichos comportamientos incluyen desafío; frecuentes e intensos arrebatos de ira; patrones de manipulación o control; poca o nada de conciencia; autodestrucción; destrucción a otros y a propiedad; hartarse o acumular comida; y preocupación con fuego, sangre, o violencia.

Las causas son complicadas. Típicamente, cualquier trauma que ocurre desde la concepción hasta los primeros cinco años de vida pueden crear el potencial de retos con apego. Algunos ejemplos son abuso físico y sexual, negligencia, depresión de los padres, nacimiento prematuro, trauma de nacimiento, violencia doméstica, o mudanzas frecuentes. Todo esto puede contribuir a la incapacidad del niño de formar apego. Dichos eventos impactan la habilidad del niño para tolerar estrés y ansiedad, exponiéndolo a estados continuos de miedo. A través del tiempo, este miedo constante conduce a una incapacidad para tolerar a otros, incluso después de años de cuidado persistente. Pero como dije antes, cuando estos niños se vuelven regulados y no están más en modo de supervivencia, nos daremos cuenta que pueden confiar mejor en otros.

Escuchamos mucho sobre el trastorno de desapego, un diagnóstico atribuido a muchos niños adoptados. Mientras un niño está en estado de estrés y miedo, él no puede desarrollar apego. Mientras los padres estén en estado de estrés y miedo, tampoco pueden conectarse con el niño. Kennel and Klaus, los pediatras pioneros en apego, dicen, "Apego es el comportamiento del niño al adulto, y conexión es el comportamiento del padre al niño."

Hablamos mucho acerca de trastornos de apego sin darnos cuenta que el problema puede ser un desorden de conexión. Apego y conexión están en un camino de doble sentido. No podemos enfocarnos en la capacidad del niño de apegarse sin enfocarnos en la capacidad de los padres de conectarse, porque si el padre también tiene historia de trauma, el/ella tendrá una capacidad deteriorada para conexión también. Muchos padres crecieron con padres quiénes tuvieron capacidad deteriorada de apego, así que sus propios padres fueron ambos propensos a desregularse, siendo difícil engancharse a la respuesta de oxitocina de su hijo. Cuando estos niños se vuelven adultos y padres, batallan para crear apego sano y regulación. Por lo tanto, ellos accidentalmente previenen una respuesta saludable de oxitocina en sus propios niños. Todos estos problemas crean circuitos neuro-fisiológicos de retroalimentación negativa.

PUNTOS CLAVE:

En esta sección, aprendimos acerca del Trastorno Reactivo de Apego (RAD). Recuerda que mientras el niño esté en estado de estrés y miedo, el niño no puede desarrollar apego. Sucesivamente, cuando un padre está en los mismos estados, el padre no puede conectarse con el niño.

Aquí están los puntos clave para recordar acerca de niños diagnosticados con RAD:

1. La premisa principal de RAD es que el niño no puede formar positivas, relaciones duraderas.

2. Cualquier trauma ocurrido desde la concepción hasta los primeros cinco años de vida pueden crear el potencial para retos con apego.

3. A través del tiempo, este miedo constante conduce a una incapacidad para confiar en otros, incluso después de un cuidado persistente.

4. Cuando estos niños se vuelven regulados y no están más en modo de supervivencia, podemos darnos cuenta que ellos pueden confiar mejor en otros.

NOTAS

CAPÍTULO 13

Circuitos de Retroalimentación

"CUANTO MÁS TIEMPO EL PADRE PUEDA MANTENERSE REGULADO, CAMBIANDO EL CIRCUITO DE RETROALIMENTACIÓN EN UNO POSITIVO, LO MÁS PROBABLE ES QUE EL AMOR SEA CREADO."

La figura reguladora más significativa en el ambiente de un niño adoptado es la figura de los padres. Esta persona puede ser el padre de crianza temporal, miembro del personal de atención directa, abuelo, maestro, o el chofer del camión. No importa quien es esta persona. La persona que permitirá que el niño tenga la más reguladora experiencia es la figura de los padres. De acuerdo al Modelo de Estrés, "La regulación de los padres es en última instancia el factor más importante en el desarrollo de funcionamiento regulatorio independiente exitoso en niños." Nada hace una diferencia como lo hace un padre regulado. El propio estado de regulación de los padres ayudará a cambiar al niño de la desregulación a la regulación.

Lo que tenemos que comprender es que se trata del enfoque que tomemos. Es como nos involucramos con nuestros niños, como los educamos, y como los hacemos entender. Es la relación rítmica de la familia. El Modelo de Estrés dice que los miembros de la familia están conectados a través de un proceso rítmico engorroso conocido como arrastre. El término *arrastre* proviene del campo de la música porque habla de patrones de vibración. La manera como nos comunicamos es a través de vibración.

El arrastre es el proceso de alineamiento fisiológico, ocurre a través de las vías sensoriales. Entonces, el arrastre se vive a través de todos nuestros sentidos. El continuo involucramiento y activación sensorial de los miembros de la familia se vuelve un patrón arraigado de interacción y reacción a las respuestas fisiológicas de cada uno, resultando en la relación rítmica de la familia, y yo le llamo a esto la vida secreta de la familia. Eso es una forma científica de decir, "Si mi mamá no está contenta, nadie está contento."

Si un miembro de la familia está desregulado porque las familias están conectadas a través de su fisiología. Cuando adoptas a un niño, este niño y tú se vuelven mezclados durante un periodo, y es por eso que el niño se vuelve alterado. Adicionalmente, este niño es naturalmente más sensible que nadie más por su trauma temprano. Estos niños pueden descifrarte porque su cerebro *debe* interpretarte. Por supervivencia, la amígdala del niño siente tu fisiología.

Cuando trabajo con familias, debo empezar ayudando a los padres ver que sólo son tan fundamentales al proceso de tratamiento como lo es el niño. Debo ayudar a los padres comprender que deben ir más allá del nivel cognitivo, al nivel de estado donde el trauma se almacena.

Las tres cosas que los padres deben evadir cuando trabajen con estos niños es miedo, amenaza, y aislamiento. La razón es una dinámica llamada "circuito de retroalimentación fisiológica negativa." Cuando nos comunicamos unos con otros; creamos un circuito de retroalimentación. Esa retroalimentación puede ser positiva o negativa y podemos agregarla a un circuito de retroalimentación o cambiarla. Entonces, ¿cómo es un circuito de retroalimentación negativa? Aquí hay una idea general:

Madre: "Lleva afuera la basura."

Niño: "No, no lo haré." Un circuito de retroalimentación acaba de comenzar.

Madre: "¡Dije que sacaras la basura! Y el circuito de retroalimentación se hace más grande.

Niño: "¡No, no lo haré!"

Madre: "¡Lo harás porque yo lo digo!"

Niño: "¡No me importa lo que digas!"

Madre: "¡No me hables así!"

Niño: "¡Te hablaré del modo que yo quiera!"
Madre: "Nadamás espera a que tu papá llegue a casa, y veremos que pasa."

Ese es temor puro en el ambiente y es un típico circuito de retroalimentación negativo. Tácticas de campo de entrenamiento, saltos de tijera, quehaceres excesivos, aislamiento, modificación de comportamiento, dinero y soborno, tablas de puntos, juguetes y viajes, consecuencia con lógica y razonamiento, golpear, gritar, alternativas, castigo retrasado son todas herramientas de crianza de comportamiento cognitivo. Estas incluyen el 95% de las tácticas que utilizamos con niños, pero sólo aborda el comportamiento y lo que está en la superficie. No abordan el nivel de estado, y todas están basadas en el miedo. Todas tienen un elemento de amenaza y aislamiento, y todas crean, en lugar de interrumpir o cambiar el circuito de retroalimentación fisiológico negativo.

Entonces, ¿cómo podemos crear un circuito de retroalimentación positivo? Aquí hay un ejemplo:

Madre: "Cariño, necesito que lleves afuera la basura."

Niño: "No, no lo haré."

Madre (responde en lugar de reaccionar): "Guau, ¿qué sucede?

Niño: "No me importa lo que me digas."

Madre: "Debe haber algo que de verdad te esté molestando."

Niño: "Nada me molesta."

Madre: "Bueno, lo cierto es que, si nada te estuviera molestando, no me estarías hablando de esa manera. Tú estarías más tranquilo, y llevarías la basura afuera."

¿No es esto poderoso? Lo que ha sucedido en este ejemplo es que la madre se ha mantenido regulada y ha suprimido el circuito de retroalimentación negativo del niño. Ese es el poder de circuitos de retroalimentación. Mientras una persona pueda mantenerse regulada, puede suprimir el estado negativo de la otra persona. De este modo, la negatividad no puede crecer. Si no hubieras tenido la experiencia con alguien que está enojado, ¿pero te las arreglas para calmar a la persona porque estabas de buen humor? Es el poder de tu fisiología.

Cuanto más tiempo el padre pueda mantenerse regulado, cambiando el circuito de retroalimentación a uno positivo, cuanto más probable que el amor sea creado.

Luego, te daré técnicas específicas que puedes aplicar inmediatamente.

PUNTOS CLAVE:

Ya los hemos visto y escuchado todos, pero probablemente nunca entendimos un circuito de retroalimentación hasta ahora. Tu capacidad para ayudar a regular a tu niño y para reconocer un circuito de retroalimentación impactará significativamente el comportamiento de tu niño.

1. Las familias tienen una relación rítmica, el uno con el otro.

2. Si un miembro de la familia está desregulado, cada miembro de la familia está desregulado

3. Nunca debes usar miedo, amenazas, o aislamiento para tratar comportamientos difíciles, o crearás un circuito de retroalimentación negativo resultando en la desregulación de la familia.

4. Sólo lleva una persona bien regulada suprimir un circuito de retroalimentación negativo. Si un padre está desregulado y el otro está algo regulado, el padre regulado debe dirigirse al niño.

NOTAS

CAPÍTULO 14

La Intervención de Tres-Fases

"TAN PRONTO COMO LE DAS PERMISO A TU NIÑOS DE HACERTE SABER COMO SE SIENTE EXACTAMENTE, EMPEZARA

Una de las herramientas específicas que he enseñado para crear circuitos de retroalimentación positivos es llamado la Intervención de Tres-Fases. Consiste en Reflexionar-Relacionarse-Regular.

Siempre y cuando el niño no esté en riesgo de lastimarse a sí mismo o a alguien más, la primera cosa que un padre debe hacer es detenerse y reflexionar. Lo que se necesita para reflexionar difiere dependiendo de la persona, pero generalmente sugiero tomar diez respiraciones profundas. Algunos padres pueden necesitar sentarse en la cama o sillón, o incluso acostarse por un rato. En cuanto el padre empiece a reflexionar, empieza a crear regulación en el ambiente.

Toma esos respiros profundos, y preguntarte como te sientes. Ponte en contacto con tu miedo. Reconoce que te sientes asustado. Conéctate con lo que está sintiendo tu cuerpo. Empezarás a regularte, y a la vez, regular y cambiar el ambiente.

¿Qué sucede si tu hijo estuviera haciendo un gran berrinche en el piso? Una madre una vez me envió un correo electrónico y dijo, "Mi hija tiene problemas para bañarse cada noche. Se tira al suelo, pateando y gritando por 45 minutos. Finalmente, salto sobre ella y paso tiempo con ella. La sostengo por 45 minutos hasta que se calma finalmente. Entonces, nos levantamos y vamos al baño. Pero ella nadamás ve la tina y se tira de nuevo al piso. Esta vez, no lo tolero. Incluso si tuviera ropa puesta, me meto a esa tina con ella. La mantengo abajo y la baño, aunque haya agua por todos lados. ¡Entonces, ambas nos caemos al piso exhaustas! Aún después de todo eso, no se va a dormir.

Recuerda que comportamientos severos son predecibles usualmente. Esta niña estaba luchando, pero también me parece que la madre estaba batallando. ¿Porqué querría la madre saltar sobre la niña? Así que, le envíe un correo electrónico a esta madre y le dije, "Esto es lo que quiero que hagas. La próxima vez que tu hija se tire al piso, después de que menciones hora de bañarse, quiero que te sientes en la cama. Sólo siéntate en la cama y respira, y pregúntate como te sientes. No hagas nada más. Sólo siéntate en la cama. Después, envíame un correo electrónico de regreso."

Esta madre me regresó el correo electrónico inmediatamente y dijo que ella no pensaba que lo que escribí parecía un consejo terapéutico sensato. (Ella había sido una terapeuta de matrimonios y familia por 30 años). Yo le contesté y le dije, "Tú me pediste consejo, entonces inténtalo." Unas noches después, esta madre me llamó. "Entré, mencioné hora de baño, y mi hija saltó hacia afuera," la mujer me dijo. "Pero esta vez, en lugar de saltar sobre ella como usualmente hago, me senté en la cama. Me sentí como una idiota sentándome en la cama mientras mi hija estaba pateando y gritando en el piso. Pero, en los siguientes diez minutos, ella dejó de hacer lo que estaba haciendo, se subió a mis piernas como si necesitara un abrazo, y se dio cuenta de lo que hizo. Después, se dio un baño. ¡Eso fue demasiado! Casi me caigo." Ese fue el final de sus problemas de baño.

Otra madre me ha escuchado decir esa precisa historia en una conferencia y lo intentó con su hija adoptiva de nueve años quien peleaba constantemente darse un baño. Esta madre dijo, "En lugar de tratar de forzar a mi hija como lo hago usualmente, le dije, 'Cariño, ¿sabes qué? Se que bañarte te aterra. Sólo dime si necesitas algo. Yo estaré ahí.'" ¡Su hija se metió a bañar después de batallar con esto por cuatro años! Sin embargo, su hija la llamó. En un momento, el jabón estaba en el piso. Después, el agua estaba muy caliente. Después, estaba muy fría. Generalmente, este comportamiento hacía que la madre se sintiera irritada, pero esta vez, ella estaba determinada a mantenerse calmada. La madre se mantuvo con su hija durante el baño, y les fue bien.

Después del baño, ella le dijo a su hija, "Cariño, ven y siéntate en el sillón conmigo. Ese fue el mejor baño que hemos tenido en mucho tiempo. ¿Qué te asusta tanto acerca de tomar un baño? ". (Ella admitió que nunca antes le había preguntado esto a su hija). Su hija dijo algo alarmante, "Bueno, Mamá, el hombre que me molestó sexualmente me hizo bañarme con él." ¿Adivina que hizo mi mamá con esta revelación? Ella dijo, "No tienes porque bañarte en la regadera nunca más. Puedes bañarte en la tina." Su hija empezó a darse baños en la tina sin problemas. Seis meses después, la niña pudo comenzar a bañarse en la regadera.

Entonces, *Reflexiona* primero en calmarte, y pregúntate como te estás sintiendo en ese momento. Toma de 3-10 respiros profundos. Inhala por la nariz y exhala por la boca. Ponte en contacto con tu propio miedo. Me gusta llamar a esta etapa la fase de Dejar ir…y dejar a Dios. Entonces, *Relaciónate* con tu niño. Incluso, le puedes decir al niño, "En este momento me siento muy asustada.. Dime como te sientes." Dile al niño como te sientes antes de preguntarle como se siente. De otra manera, puede percibir una amenaza de tu parte. Al tomar estos pasos, empiezas a *regularte* a tí misma, a tu niño, y a el ambiente. Estos pasos son los mismos, ya sea que esté el padre o madre involucrados. ¡Reflexiona-Relaciónate-Regulate!

¿Qué sucede si tu niño insiste en que está enojado más que asustado? Este es un punto importante porque tú debes validarla donde está en ese momento en lugar de tratar de convencerla de que está asustada. Es más importante que *tú* veas su miedo a que ella lo vea de inmediato. Es más importante que tú veas a través de su enojo al miedo que está detras porque eso te permitirá mantener tu propia regulación. ¿Qué sucede generalmente cuando alguien expresa su ira contigo? Te da temor, y eso hace que reacciones en una manera de ira, también, ¿correcto?

Digamos, por ejemplo, que tú le dices a tu niño, "Siento miedo. ¿Cómo te sientes?" Tu niño dice, "¡Estoy enojado!" Entonces tú podrías decir, "Si estás enojado, dime acerca de ello. ¡Grítalo! ¡Déjame escucharlo!" Tú sabes que temible es gritar en nuestra sociedad. Cualquier expresión de emoción nos asusta. Decimos, "¡No! ¡Shhhh!" Nuestro impulso es inmediato de suprimirlo. En cuanto le das al niño permiso de hacerte saber como se siente exactamente, él empezará a regularse. De nuevo, Reflexiona, Relaciónate, Regúlate.

PUNTOS CLAVE

Te sorprenderás de lo poderosa que puede ser la Intervención de Tres-Fases. Recuerda:

1. Lo primero que los padres deben hacer es detenerse y Reflexionar. Tomar de 3-10 respiros profundos, y preguntarse asimismo como se sienten primero. Ponerse en contacto con sus propios miedos. Dejar ir y dejar que Dios guíe.

2. Después, Relaciónate con tu niño. Dile a tu niño cómo te sientes, y después, pregúntale a tu niño como es que él se siente.

3. ¡Estos pasos los Regularán a ambos!

4. Haz lo siguiente para crear un circuito de retroalimentación POSITIVA en medio del caso:
   a. Reflexiona
   b. Relaciónate
   c. Regúlate

NOTAS

CAPÍTULO 15

La Sanación Ocurre en Casa

"EL OBISPO T.D. JAKES DICE, '¡SI TÚ SIEMPRE HACES
LO QUE SIEMPRE HAS HECHO, SIEMPRE ESTARÁS
DONDE SIEMPRE HAS ESTADO!'"

La terapia no es donde la sanación tiene lugar. El hogar es donde ocurre la sanación. El terapeuta no debe ser el catalizador para el cambio. El terapeuta debe ayudar a los padres a volverse los catalizadores para el cambio del niño. Entonces, crea un ambiente terapéutico para tu niño.

En mi modelo de terapia, quiero educar a los padres, ayudarlos a entender, traer conciencia, darles entendimiento, y ayudarlos a crear un ambiente para sus niños para comprender, obtener conciencia, y darles discernimiento.

En una de sus conferencias Bruce Perry dijo, "Hemos aprendido que ir a la oficina del terapeuta es una señal para el niño de ir al nivel cognitivo de memoria." ¿Por qué? Porque la oficina del terapeuta es más tranquila y segura que la casa. El niño a menudo no se estresa ahí y, por lo tanto, no en el nivel de estado. Sin embargo, él vuelve al nivel de estado, y el comportamiento continúa.

Atención Plena

Atención Plena, es la capacidad de ir lo suficientemente despacio para observar tus propios pensamientos, sensaciones, percepciones y comportamientos. Es casi como saliendo afuera de tí mismo y observándote a tí mismo. A través de atención plena, haces el inconsciente consciente. Una fuente excelente para criar con atención plena es *Bendiciones Diarias* por Myla and Jon Kabat-Zinn. Yo recomiendo ampliamente este libro para ambos padres y profesionales.

Yo hablo de atención plena como una de las más importantes herramientas que un padre puede usar para mantener su propio estado de calma y regulación, y de este modo influenciar mejor y criar a sus niños. Para ayudarte a comprender que es atención plena, y como usarla, te daré las historias de algunas otras personas y puntos de vista que pueden ayudarte a desarrollar tu propia práctica de atención plena.

De acuerdo al Dr. Jon Kabat-Zinn, uno de los principales investigadores de atención plena, "atención plena significa **poner atención** de una manera particular; **a propósito**, en el **momento presente**, y **sin juzgar**." Simple, elegante, y significativo. Así que usemos ésto como un punto de partida.

Yo ofrezco mi propia receta de atención plena para ayudar a trasladarte al presente - el cual es el mejor lugar para criar – con mis *3 pasos hacia La Paz: fomentando el amor en medio del temor*. La próxima vez que te sientas desregulado con el comportamiento de tu hijo, intenta las 3R's – los tres pasos hacia La Paz:

1) **REFLEXIONA:** Détente y toma 3-5 respiros profundos y pregúntate ¿cómo te estás sintiendo?
2) **RELACIÓNATE:** Acepta tus sentimientos como buenos (como sean—sin juzgar). Dile a tu niño, "Me estoy sintiendo _____. ¿Qué estás sintiendo?
3) **REGÚLATE:** Busca para comprender. No sólo oye, también escucha lo que se ha dicho, y lo que no se ha dicho. Continúa respirando y relaciónate. La Regulación, como el amor sucede naturalmente.

El siguiente es un breve ejemplo de un padre quien, por ser atento, pudo alejarse de una posible crisis. Date cuenta de las descripciones específicas y sensaciones a las cuales este padre está atento:

"Ambos hijos míos están en la cocina conmigo. Les acabo de pedir que dejen de pelear el uno con el otro, pero continúan. Yo siento de repente que me estoy acalorando, mi temperatura se está elevando. Dejé de respirar de manera normal. Siento ambas, frialdad caliente y creciente en la parte media de mi cuerpo, desde la cintura hasta mi garganta. Todo se está acumulando allí. Mi cabeza está caliente, mi corazón está frío. El ruido, la pelea, la insolencia, todo junto. Mi corazón late más rápido y un sonido como un gruñido empieza y luego me llena y rujo como un oso. Mientras esto sucede estoy presente en mi cuerpo y observando al mismo tiempo. Fue increíble. En ese momento supe que tenía que alejarme y dejarlo ir." – Robert Sardello, *Liberando el Alma del Miedo*.

El autor de Atención Plena Shamish Alidina tiene algunas palabras con consejos útiles acerca de la crianza atenta.

"Yo creo que la crianza es la responsabilidad más difícil, estresante, importante y probablemente más satisfactoria del mundo. Un buen padre necesita no sólo alimentar al niño con comida, techo y ropa, sino de desarrollar la mente también. Tu comportamiento como padre a menudo refleja lo que fueron tus propios padres incluso si quieres cambiar y mejorar en ciertas áreas. Sin embargo, los padres a menudo terminan repitiendo los ciclos en formas sutiles, pasando por comportamientos inútiles. Afortunadamente, la crianza atenta puede ayudar a romper con esos ciclos al estar presente con tus niños. ¿Cómo puede la atención plena ayudar con la crianza? Los padres con atención plena están conscientes y alertos a sus acciones y a las acciones de sus niños. Esto es muy importante en la crianza de un niño. Los niños anhelan atención. Para los niños, la atención es como amor. Si no reciben suficiente atención, se comportan mal hasta que reciben esa atención - incluso si son regañados es preferible a ser ignorado" - Shamish Alidina, Atención *plena para tontos.*

Scott Rogers dice en su libro *Crianza con Atención,* no se trata de criar a tu niño, se trata de ti y de mi. *"Cuando somos atentos, podemos ver lo que está enfrente de nosotros; cuando no lo estamos, vemos lo que está en nuestra mente."* Una razón por la que Rogers dice que el tiempo parece pasar tan rápido, es que no estamos conscientes del momento en que esto sucede. Esto es de lo que hablo cuando digo que el estrés nos provoca "reaccionar al pasado, obsesionarnos acerca del futuro, y perder el presente. Y cuando estás fuera del presente ya no estás *aquí*." Uno pudiera decir que mientras más estrés tengamos más cortas son nuestras vidas— físicamente, debido al daño que el estrés provoca en nuestro cuerpo, y mentalmente, debido a no estar presentes.

Mientras más grandes sean nuestros niños en edad, parece ser más difícil permitir y aceptar su comportamiento. Esto no es para decirte que los alientes sino simplemente acepta y permite como suceda en ese momento para poder lidiar con ellos. A medida que los niños se hagan más grandes y más miedosos y empiezan a usar palabras más altisonantes y más groseras y lenguaje que provoque más miedo en nosotros, parece más fácil que "perdamos el control," que reaccionemos en lugar de responder y en espiral en un circuito de retroalimentación negativa. Cuando se nos acaban los recursos, nuestra energía se agota, nos sentimos exhaustos y agotados y sin nada más, y sacamos las más grandes armas que tenemos— y eso difiere de familia en familia. Para los niños que vienen de lugares difíciles mientras más tratamos de controlarlos y dominarlos, se puede volver peor, y más probable sea que escuchemos variaciones de "¡Tú no me puedes forzar— *llévate todo lo que tengo* NO ME IMPORTA!" Lo que suele seguir después no es agradable. Los padres enfrentan el riesgo de volverse físicamente, mentalmente y hormonalmente exhaustos con estos niños. Todo se puede volver una dIficultad. Ellos pueden sentirse como prisioneros en sus propias casas, y que siempre están "caminando en vidrio" sin estar seguros de lo que provocará al niño. Cuando la tensión pega, podemos estar presentes para ello— la mente, el cuerpo, y el espíritu. Sin embargo, debemos practicar. Rogers usa una analogía de lavar los platos. El dice "tú puedes lavar los platos para dejarlos limpios o simplemente 'lavar los platos. Si tú estás pensando acerca de un millón de cosas distintas mientras los lavas, o incluso nada más pensando, no estás presente, no estás atento plenamente. Si sólo "lavas los platos," estás consciente de sentir el agua espumosa y la esponja cruzando la superficie resbalosa. Tú escuchas el rechinido del plato abajo de la palma de tus manos. Tus pensamientos no están en el pasado o en el futuro. *Tú estás en este momento.* Tú estás aquí. Practica y repite. Hay miles de momentos en un día que tienen más que ofrecer que lo que tomamos parte.

Así que la próxima vez que tu adolescente diga, "Sigue adelante—NO ME IMPORTA," y tú puedes ser atento y presente en lugar de reactivo y dominante, tal vez puedas responder diciendo algo como, ¡Guau, pareces realmente molesto ahora hijo! ¿Por qué no tiramos unas canastas de baloncesto?

Uno de nuestros padres encontró el modo usando atención plena para ayudarse a manejar sus miedos y encontró una solución de alguno de sus dilemas. Piensa en este ejemplo la próxima vez que encuentres que tus niveles de estrés se están incrementando cuando tu niño está desregulado. Usa atención plena para que encuentres tu propia manera a través de tus propios retos de crianza y encontrarás caminos para amar a tu hijo como nunca antes.

El papá Angelique Miller hace una pregunta: "¿Puedo jugar también?"

"Es realmente solo acerca de mantenerse regulado, mantenerse presente, y hacer conexiones reales con mis niños. Sólo así puedo realmente influenciarlos positivamente. Pero algunas veces esas palabras suenan tan suaves y vagas, ¿verdad?

"Si, ¿pero ¿qué significa eso? ¿Cómo se ve eso?" Aquí hay un ejemplo de como se puede ver eso.

Nuestros dos niños algunas veces se vuelven realmente desregulados juntos. Parece como si estuvieran jugando, pero es demasiado rudo. Si los dejamos solos, normalmente escala a que uno de ellos quede lastimado y/o algo roto, lo cual ventila las llamas de la desregulación cuando uno de ellos se siente como un mal niño. Mi esposo y yo normalmente nos asustamos cuando vemos este juego rudo y lo queremos impedir lo más pronto posible. No hay una manera en que nuestros niños se irán a sentar en una silla o cualquier otra cosa que podamos preguntarles cuando ellos se ponen así, lo cual es parte de por que nos asustamos tanto. Es como una situación fuera de control y tenemos cero influencias— o al menos así es como se siente.

Sintiéndome más o menos regulada recientemente cuando eso sucedió, dejé ir ese sentimiento instantáneo de lo tienes que detener y caminando casualmente, esperando que algo brillante me llegara. A pesar de que yo no estaba planeándolo conscientemente, yo estaba intentando estar presente. Bueno, funcionó porque yo me detuve ahí mirándolos pelear en las literas y los niños, esperaban que yo me molestara, estaban como asombrados de escucharme decir, "Hey, ¿puedo jugar, yo también?" Después de una pausa de medio segundo, en voz alta ellos contestaron, "¡CLARO!" y su actitud de ira cambió instantáneamente a gozo. Yo no sé porqué, pero yo realmente no esperaba esa respuesta. Yo estaba esperando alguna grosería... Pero, de cualquier modo, no tuve que esforzarme físicamente para jugar, solo jugué un poco con cosquillear los dedos, actuar, etc. Y después dentro de alrededor de noventa segundos pude sentir que yo podía sugerir trasladarlos a ellos a una actividad más calmada (o tal vez alguno de ellos espontáneamente decidió ir a algún otro lugar, no puedo recordar porque he hecho esta "técnica" muchas veces).

De cualquier modo, ¡estoy muy contenta de haber encontrado esto! Ese viejo pánico es tan instantáneo que algunas veces se me olvida esta idea, pero cuando la hago, es una gran forma de manejar su desregulación. Resulta que me han estado implorando para ayudarles a calmarlos, pero yo estaba tan atrapada en mi miedo que no pude escuchar lo que realmente estaban diciendo.

Yo trabajé con un padre quien dio clases en la misma escuela que su hijo de cuatro años. Cuando llegó la hora de comer el almuerzo, su hijo no quería bajar a la cafetería. Su mamá le preguntó, "¿Por qué, cariño? Nadamás vas a ir a almorzar." "Porque da miedo ahí, mamá," el dijo. ¡Que gran alerta para esta madre! Entonces, ella podría decir, "Sabes que, cariño, no tienes que hacerlo. Yo caminaré contigo." ¡Esta alerta es grandiosa!

Aquí hay algunas técnicas para utilizar en la casa que te ayudarán en el proceso de sanación:

Tiempo-Con en Lugar de Tiempo-Fuera

En mi opinión el tiempo-fuera ¡succiona la estabilidad emocional de tu niño! Así que sugiero a los padres que no hagan tiempo-fuera y que en cambio practiquen el tiempo-con. El tiempo-fuera proviene del antiguo paradigma. Recuerda que la acción sin entendimiento sólo te lleva de regreso a la oscuridad. El tiempo-con proviene de una creencia de que el niño actúa negativamente por atención. ¿Cómo te hace sentir eso? Te provoca que te sientas estresada. Así que tú dices, "Siéntate allá en un tiempo-fuera, y piensa acerca de cómo te estás comportando."

Si el niño está actuando negativamente "por" atención, tú no debes recompensarlo, así que le das al niño un "tiempo-fuera" para que piense acerca de los comportamientos negativos. La creencia es que el niño tomará una mejor decisión la próxima vez.

Considerando que los educadores y los profesionales todavía están enseñando y escribiendo acerca de esta técnica como si fuera un "nuevo" método de disciplina, de comportamiento alternativo. Vamos a preguntar lo siguiente: ¿Qué es lo que hace que el tiempo-fuera sea diferente a pararse con la nariz hacia la esquina, sentarse en la silla del burro, ser enviado a un cuarto, o tener que sentarse en la silla sucia? ¿Por favor puede alguien decirme la diferencia?

El obispo T. D. Jakes dice, "¡Si tú siempre haces lo que siempre has hecho, siempre estarás donde siempre has estado!" Si la silla de burro o pararte con la nariz hacia la esquina no funcionó cuando fuimos niños, ¿porqué pensamos que va a funcionar ahora con simplemente disfrazarla como algo aparentemente más contemporáneo?

Quizás porque funciona con un niño de dos años y tal vez hasta cinco años, así que estamos suficientemente reforzados positivamente para creer que somos exitosos. Pero considera lo siguiente: ¿Has visto al nuevo King Kong? Bueno, para un niño de dos años, el adulto parece algo así como un King Kong para la mujer rubia—un gigante absoluto. ¿Acaso tú no te sentarías en esa silla por dos o tres minutos si King Kong te lo dijera?

El tiempo-fuera no reconoce las batallas de desarrollo y regulación que los niños demuestran durante su exteriorización de comportamiento negativo. Considera por un momento que en vez de que el niño exteriorice por "atención", está actuando negativamente porque realmente "necesita" la atención. Lee esa oración de nuevo. Esto puede hacer una gran diferencia.

En vez de mandar al niño a que se siente a una silla o que esté aislado, trae al niño cerca de ti por un periodo de tiempo. Haz que se siente a tu lado, que tome tu mano, o se pare a un lado de ti. Dile al niño, "Cuando te sientas mejor puedes regresar y jugar." En otras palabras, permítele que determine cuanto tiempo-contigo necesita.

Aquí hay un punto importante: No es obligatorio que hagas contacto físico con el niño durante este tiempo. Un niño que no quiere ser tocado o que reacciona violentamente no debe ser tocado. En ese momento el niño está en un modo de supervivencia y se siente amenazado. Mantén tu distancia, pero indícale al niño que vas a estar cerca y te mantendrás cerca hasta que él o ella se sienta más seguro.

En mi experiencia, el 95% del tiempo, los niños se mantendrán en *tiempo-con* más de lo que estarán en *tiempo-fuera*. Un padre, que le ha dado a su hijo de siete años siete minutos de tiempo-fuera, intentó el tiempo-con. Ella dijo, "Mi hija se sentó cerca de mi por 45 minutos. "¡Y no lo pude creer!"

Guarda esto a tu memoria: El tiempo-con, parte del nuevo paradigma, proviene del entendimiento que el niño no se comporta negativamente por atención. El niño exterioriza porque *necesita* atención. ¡Eso es grandioso! El tiempo-con puede ser una alternativa efectiva a el tiempo-fuera. Nos enseña compasión, regulación y entendimiento.

Restricción

La restricción es una forma extendida de tiempo-con. Se trata de disminuir el espacio en el cual el niño se siente amenazado. Tú puedes hacer esto al no permitir que los niños suban las escaleras durante el día. Cierra las puertas, y crea un espacio en la sala o en alguna otra habitación, permitiendo una mayor regulación para los niños. Siempre y cuando estén cerca de ti y puedan verte, se sentirán regulados. Si se sienten más regulados, no se sentirán tan atraídos a meterse en problemas.

Receta de Afecto

La receta de afecto consiste en el concepto de Diez-Veinte-Diez. Dale a tu niño 10 minutos de calidad de tiempo e interacción a primera hora de la mañana. Sólo pasa tiempo con el niño, pon tu brazo alrededor de él, háblale en voz baja (preferible que ni siquiera hables), siéntate con el niño en tu regazo y mécelo o murmúrale. Entonces, inmediatamente después de la escuela o cuando regreses del trabajo, siéntate con él en el sofá por 20 minutos. Pregúntale acerca de su día. Pasa 20 minutos de atención entera e ininterrumpida. Entonces, pasa otros 10 minutos con él en la noche.

Ahora, si tienes ocho niños, no tendrás tiempo de hacer Diez-Veinte-Díez. Tú podrías tener que hacer Dos-Cuatro-Dos. Pero nuestros niños están sedientos de interacción de calidad con nosotros. Hace algunos años, una revista de noticias informó que el promedio nacional de calidad de interacción entre padre-hijo era de 10-13 minutos por día. Si sigues la receta de atención, cuadruplicas el promedio nacional. Si tienes un niño adoptado crónicamente estresado y asustado, probablemente pasas cada vez menos tiempo con el niño porque acaba con tus nervios. Pero mientras más tiempo pases, cuanto más ayudarás al niño a regularse y cuanto menos el niño acabará con tus nervios. Diez-Veinte-Diez puede hacer una gran diferencia.

PUNTOS CLAVE:

En esta sección, aprendimos algunas recetas poderosas para lidiar con el comportamiento de tus niños.

1. HAZ tiempo-*con* en vez de tiempo-*fuera*.
2.
3. A través de restricción, reduce el espacio en el que tu niño adoptado se sienta amenazado.

4. Usa la receta de afecto Diez-Veinte-Diez.

5. Recuerda que la atención plena es la habilidad para reducir la velocidad y observar tus propios pensamientos y comportamientos.

6. Lo más importante, recuerda, en el hogar es donde ocurre la sanación.

By: Bryan Post Illustrated By: Mark Trotter

NOTAS

CAPÍTULO 16

No es una Conclusión sino un Comienzo

Este libro fue escrito primordialmente para darles a los padres adoptivos una ventaja en la naturaleza sensible de la crianza de sus niños adoptivos. Como adulto, sólo tengo dos padres. Ellos me adoptaron, pero son los únicos padres que he conocido. Me vieron pasar por más de lo que la mayoría podrían, nunca se rindieron conmigo, siempre me motivaron, y siempre creyeron en mí. Eso hizo un mundo de diferencia para mí. Sin embargo, mi madre aún dice que la única cosa que ella necesitó, pero no tuvo, fue "comprensión." La única meta definida por todo mi trabajo en los últimos 15 años ha sido ayudar a los padres a ver a sus niños de una manera diferente—con un toque de amor en vez de miedo.

Yo sé de primera fuente que este entendimiento puede cambiar radicalmente la dinámica de tu familia y la vida de tu hijo. Nunca es demasiado temprano para empezar, tampoco demasiado tarde. Siempre cuando estés respirando, siempre habrá esperanza para un futuro más brillante.

Una razón por la que todos mis libros son cortos es que yo quiero que tú no sólo los leas, sino también los estudies. Yo quiero que tú pienses acerca de la información y mires a tu niño y la dinámica de tu familia para ver que hay allí. Yo no creo que te sentirás decepcionado, pero toma esfuerzo, paciencia, motivación, y fe.

La parte final de este libro consiste en varios artículos cortos que he escrito a través de los años para ayudar a reforzar lo que has leído en este libro. Estos artículos también te darán algunos recursos rápidos que puedes fotocopiar y dar a los miembros de tu familia y a los maestros de tus niños. Toma una comunidad criar a un niño, y mientras más apoyo tengas, estarás mejor.

Adicionalmente, cuando fui estudiante por primera vez de la ciencia de regulación del afecto, leí todos los tres volúmenes de Allan Schores. Los estudié, los subrayé y regresé a la parte de atrás de sus libros a la sección de recomendaciones para encontrar todos los artículos que el citó. ¿Porqué? Porque soy y siempre seré un estudiante. Quiero ofrecer a los padres y profesionales la verdad, y la verdad no llega sin sacrificio. Así es que muchos recursos están en la parte de atrás de este libro para que continúes con tu aprendizaje. Comprométete a leer al menos un capítulo por mes y te sorprenderás de la transformación que verás en tu familia. Yo también te aliento a que revises el resto de los recursos disponibles a través del Post Institute (http://www.postinstitute.com).

Yo nunca he escrito para propósitos académicos o para que se publique en un periódico, sino más bien para que los padres y profesionales pudieran recibir ideas simples y conceptos y ponerlos en acción inmediata. Junto con los trabajos aquí escritos, debes estar en camino para desarrollar el entendimiento que te llevará a avances significativos con tu niño. Yo espero que tengas éxito.

Yo te dejo con 1 Juan 3:18: "Vamos a amar, no en palabra ni en discurso, sino en verdad o acción."

Bendiciones,

Bryan Post

Apéndice

COLECCIÓN DE ESCRITOS ACERCA DE ADOPCIÓN POR BRYAN POST

Trastornos de apego: ¿Realidad o Ficción?

Muchos como los doctores, profesionales de salud mental recaban información y síntomas para ofrecer diagnósticos exactos. El problema es que buscando e identificando nada más los comportamientos negativos nos dejan con una perspectiva limitada de como ver al niño.

Mientras examinamos el diagnóstico llamado Trastorno de Apego Reactivo (RAD) considera algunos puntos de interés:

Primero, el niño es mucho más que un diagnóstico o una etiqueta psiquiátrica. Las investigaciones indican que el estrés y el trauma pueden transmitirse de una generación a la siguiente teniendo un efecto inmediato en el ADN del cuerpo. Así que una persona es más que un simple marco de referencia para su vida actual, más bien es una tela tejida con muchas vidas.

Segundo, cuando diagnosticamos a alguien con un trastorno, la persona se vuelve ese diagnóstico en los ojos de los demás. En vez de ver al niño, vemos al niño con el trastorno de apego reactivo, o lo vemos con trastorno de déficit de atención. La verdadera definición de un trastorno es "un estado que carece de orden." El Estado no es un estado permanente sino un estado que necesita restauración hacia el orden. Cuando un niño es diagnosticado con el trastorno de apego reactivo, nosotros inmediatamente identificamos al niño con todos los comportamientos negativos asociados. Por lo tanto, cuando el niño actúa bien, no podemos verlo por que el trastorno de apego reactivo explica este comportamiento positivo como que el niño está siendo manipulador.

Por último, las investigaciones han encontrado poca consistencia en los diagnósticos de un profesional a otro. Es común que un niño diagnosticado con el trastorno de apego reactivo pueda haber sido diagnosticado con el trastorno de déficit de atención e hiperactividad, trastorno bipolar, trastorno desafiante de oposición, o hasta trastorno de conducta. Esto es conocido como diagnóstico diferencial. La psiquiatra Dorothy Lewis ha dicho, "el diagnóstico diferencial para los doctores significa, "'Yo' no estoy seguro, pero estas son mis corazonadas." ara más información en el trastorno de apego reactivo y sus conductas asociadas, visita www.postinstitute.com.

El Cuidado Apropiado y La Crianza de tu Niño Creativo

Kristi era una niña problemática bajo todos los estándares de la sociedad. Ella era impulsiva, inmadura, de bajo rendimiento en su escuela, y peleaba con sus compañeros y su familia. Tenía una tendencia natural para lo mecánico, siempre deseando volver a armar las cosas después de haberlas destrozado, pero ella no se daba cuenta de que la pequeña cabeza de la muñeca no se podría volver a atar a su cuerpo después de habérselo arrancado. Claro que sus padres se molestaban al ver la destrucción de tan caro juguete.

Kristi era excepcionalmente brillante en áreas como matemáticas y mecánica pero no tan talentosa en áreas como relaciones con sus compañeros y la armonía familiar donde se encontró importantes conflictos y rechazos.

Como adulto, ella no se volvió profesora de matemáticas, mecánica de autos, ingeniera exitosa o una contadora. Incluso, ella batalló con tareas como hacer que dos extremos se encuentren e intentar criar a sus propios niños. ¿Qué, te puedes preguntar, sucedió con la jovencita con tendencia natural por la mecánica y las matemáticas?

Sabemos muy poco acerca de criar niños dinámicamente creativos. Kristi y niños como ella simplemente nos necesitan para ofrecerles el lienzo y ellos harán el resto. Pero ¿por qué batallamos para ofrecer tan sólo el lienzo?

La creatividad es un proceso emocional que llega naturalmente a todos nosotros, así como a los niños. Las investigaciones del cerebro demuestran que, en las etapas tempranas de vida, la gente creativa estamos sobre todo impulsados emocionalmente. A través del tiempo, un enorme cambio ocurre en el cerebro en donde la ventana de expresión emocional se hace más pequeña, y más famosa ventana de expresión cognitiva/racional empieza a tomar precedente. En este estado, los lloriqueos y las demandas empiezan a cesar. La necesidad constante disminuye, y el niño se vuelve más independiente. Claro que los adultos prefieren niños en este estado porque esto les permite seguir sus propias preocupaciones de adulto acerca de trabajo, facturas que pagar, cena, etc. Pero es aquí donde empezamos a perder.

A través de una serie de patrones de vibración diarios y repetitivos, experiencias mundanas, transmitimos instrucciones a nuestros niños para ayudarlos a adaptarse a la sociedad. Esto asegura que cuando otros miren a nuestros niños, ellos serán un reflejo maravilloso del trabajo que hemos hecho como padres.

En vez de fomentar la creatividad en nuestros hijos y proveer solamente el lienzo blanco para que ellos se expresen, suprimimos sus necesidades emocionales con intentos para condicionarlos a las reglas y regulaciones de la sociedad. Poco a poco empezamos a preguntarnos, "¿Qué sucedió con mi pequeño cantante, artista, actor, o bailarín?"

Para los padres interesados en el cuidado y crianza del espíritu creativo de sus niños, aquí hay unas cuantas sugerencias y pautas que he reunido durante mis años de viaje, conferencias, escribiendo, y ofreciendo terapia familiar alrededor del mundo:

1. Determina lo que es más importante para tu niño. La actividad puede ser expresada de cualquier manera, no precisamente en artes escénicas. Observa a tu niño, y él te guiará a sus intereses. Fomenta mayor apoyo en estas áreas sobre todas las demás— no sólo apoyo sino mayor apoyo. Deja que pase más tiempo en estas áreas de interés y de fortalezas en vez de áreas de lucha. Esto construirá mayor autoestima y apoyará a tu niño mientras completa otras tareas que encuentra más mundanas o desafiantes.

2. Reconoce tus propios miedos. Nosotros los padres estamos temerosos sobre como nuestros niños van a ser percibidos por la sociedad. Intentamos engañarnos a nosotros mismos y decir que sólo importa la felicidad de nuestros niños, pero la mayoría de los padres están preocupados sobre lo que otros pensarán. Ninguna de las personas "allá afuera" realmente importa. La cosa más importante es la relación con tu niño. El único elemento dinámico durará toda la vida. Recuerda que es poco probable que vuelvas a ver al extraño de la tienda Wal-Mart otra vez.

3. Alienta, alienta, alienta. Asegúrate que has disminuido el paso y le has dado tiempo suficiente a los caprichos y fantasías de tu niño. Un bombero hoy será un doctor mañana y después un investigador de crímenes. No importa lo que es; alienta, y mientras lo haces, nutrirás las semillas de las que brota la felicidad.

4. Recuerda que es sólo un niño. Ámalo por el niño que es. El tendrá muchos años para enfrentar un mundo de cínicos y críticos, falsificaciones y fraudes, así que llénalo de amor que asegure que él siempre puede salir adelante de sus fallas porque él sabe que él está bien por dentro. Lo que importa es lo que está por dentro porque es donde las lecciones que tú ofreciste serán almacenadas.

Trauma de Apego: Una Reflexión Personal

Yo fui un niño de apego y desafíos. Pasé tiempo en cuidado de crianza temporal antes de ser adoptado en un hogar amoroso que pronto se convirtió en un hogar molesto, así que tengo experiencia de primera mano de que tan difícil puede ser comprender a tu niño. Yo sólo pasé tres meses en cuidado de crianza temporal. Sin embargo, cualquier tiempo en cuidado de crianza temporal es demasiado por la traumática ruptura que ocurre entre el infante y la madre biológica en el nacimiento. Por décadas el impacto de este apego temprano no ha sido tomado en cuenta.

Antes de dirigirme a lo que puedes hacer para ayudar a tu niño, permíteme platicarte un poco de mi historia creciendo como tal niño. Me es imposible decirte mi historia sin incluir la historia de mi hermana porque crea el marco de referencia para el trabajo de mi vida. A pesar de que fuimos ambos adoptados antes de que tuviéramos cuatro meses de edad, la vida de mi hermana ha sido polo opuesto a la mía desde el primer día. Yo fui llevado rápidamente a un hogar de crianza temporal mientras que ella era prematura y tuvo que pasar tres meses en una incubadora.

Mi madre platica la historia que cuando ella y mi padre me vieron por primera vez yo estaba sonriendo. Por otro lado, mi hermana estaba llorando la primera vez que la vieron. Porque ahora sabemos tanto acerca de patrones de neurociencia y fisiología, yo creo que estas primeras interacciones establecieron la pauta para la relación que mi hermana y mis padres tuvieron desde ese punto en adelante.

Desde la infancia a la adultez mi hermana y mis padres batallaron para apegarse. Los pediatras legendarios de apego, Marshall Klaus y John Kennel, nos dicen que el apego es el comportamiento del niño hacia el padre, y la vinculación es la conducta del padre hacia el niño. Un niño no puede desarrollar apego con un padre si está luchando para vincularse. Así, sin saberlo, una tarea casi imposible se puso en marcha entre mi hermana y mis padres.

Reflexionando en las diferencias entre los primeros planos de relación de mi hermana y los míos, es fácil ver que incluso a tan temprana edad ella ya estaba marcada en un nivel fisiológico para ver las relaciones humanas como inseguras.

Cuando consideramos el trauma en la vida de los niños, es importante darse cuenta que la mayoría de su trauma implica una relación humana. Si un niño ha sido abusado, golpeado, o abandonado por la persona que se suponía que más lo amaría, ¿qué hará que las relaciones subsecuentes parezcan seguras?

Independientemente de los problemas de trauma que mi hermana llevó a la familia, mis padres de igual manera cargaron con los propios. Como te puedes imaginar, la experiencia de la familia— a lo que me refiero como "la vida secreta de la familia"— no era atractiva.

Cuando vemos el retrato familiar, ahora vemos a un niño adoptado a una edad temprana con poco trauma alrededor de su nacimiento, pero llevando las semillas de sensibilidad al rechazo y al miedo por abandono. Vemos a otro niño pequeño nacido prematuramente, posiblemente expuesto a alcohol, cuyos primeros meses en el mundo los pasó rodeado por el sordo zumbido de una incubadora y sólo mínimo contacto humano.

La madre adoptiva era la hija mayor de 10 hijos, con una madre trabajadora y un padre alcohólico. Ellos dependían del salario de un granjero para alimentar por 12 meses. El padre adoptivo, el mayor de nueve, tenía un padre alcohólico y sobrevivía en salarios bajos para alimentar por 11 meses. Adicionalmente, era un veterano de Vietnam sufriendo de trauma de tiempo de guerra.

Entendimiento y aceptación son características necesarias de cualquier relación sana entre padre e hijo, a menudo creando las bases para patrones de apego en familias. Teniendo en cuenta lo anterior y la sociedad estresante en la que vivimos, es difícil imaginar que se haya creado algún apego.

Mi retrato familiar es uno en el que los miembros intentaron relacionarse entre sí de una manera positiva, pero, inconscientemente, no pudieron entenderse entre sí o la influencia de sus primeros planos de trauma.

Cuando el trauma—un evento estresante que se percibe como abrumador, impredecible o prolongado—no es validado emocionalmente por nuestras relaciones directas y nuestro entorno, el trauma puede impactarnos de por vida. Por lo general, tenemos una pequeña ventana de conocimiento sobre lo que han sido eventos traumáticos en nuestras vidas y como nos siguen influyendo.

El estrés es una característica natural y necesaria de quienes somos. Necesitamos el estrés solo para vivir, pero cuando el estrés se vuelve abrumador o no se interrumpe, puede dañar no solo las relaciones familiares, sino también el cerebro.

Viendo hacia atrás ahora, me doy cuenta de que sobresalí socialmente, académicamente y atléticamente. Internamente, luché por vivir en un mundo que consideraba abrumador. Para compensar, mentí, robé, engañé, manipulé, prendí fuegos, maté animales y ocasionalmente acosé a otros niños. Debido a que era inteligente, muchos de los adultos a mi alrededor nunca tuvieron la menor idea.

Mi hermana, por otro lado, luchó tanto interna como externamente. Externamente, ella falló social, académicamente y atléticamente. Hubo peleas frecuentes en casa provocadas por la forma en que a mis padres se les había enseñado a disciplinar a los niños. No entendieron que esta niña era diferente. Tomaron personalmente que era retraída e inmadura, que prefería jugar con niños mucho más pequeños que ella. No fue culpa suya o de ellos. Su único medio de comunicar su ansiedad y depresión era a través del comportamiento. Tal comunicación disgustó a la mayoría de las personas y condujo a relaciones basadas en el miedo y el rechazo.

Con todas las esperanzas de tener la familia con la que habían soñado, mis padres se sentían inseguros, desesperados y abrumados por la tarea en cuestión. Sus hijos adoptados fueron difíciles—al menos uno de ellos— y el otro tuvo sus momentos, pero mucho menos frecuentes, o al menos eso pensaron.

Nuestra familia vivió y luchó cada día. Mi hermana sigue luchando y sigue viviendo esos primeros planos y relaciones negativas recurrentes. Yo sigo luchando, pero he podido poner la vida en perspectiva, no por ningún esfuerzo personal notable, sino por tener relaciones más positivas que negativas. Como dice mi madre, "Nosotros simplemente no entendimos".

Forjando Caminos
¿Cuáles son tus Planos de Crianza?

Un día, mientras trabajaba con un cliente privado, llegué a un entendimiento emocional. Déjame decirte cómo sucedió. Había estado trabajando con una madre sola con tres hijos adoptados en intervalos durante varios meses, y mientras luchábamos fuertemente a veces, la familia progresaba de manera constante.

En un día particularmente difícil, Mamá se sentó en el sofá frente al gran ventanal de su cuarto y yo me senté frente a ella en una silla. Yo reflexioné sobre la lluvia que caía afuera, y aunque parecía ventoso, todavía estaba caliente. Al sugerir a mi madre observar algunas de sus reacciones emocionales, ¡fue como si me cayera un rayo! De repente, la tristeza más profunda me sacudió mientras me di cuenta de algo por primera vez, y comencé a llorar.

Ella me preguntó por qué estaba llorando y le dije: "Simplemente tuve el sentimiento más profundo de tristeza y enojo por lo que yo y el resto de la sociedad te hemos estado haciendo. Estamos tratando de que construyas un castillo para padres, y la verdad es que solo tienes planos para una casa móvil. Eso me pone tan triste y tan enojado porque todos esperan que construyas y hagas algo que nunca te han enseñado. Qué frustrante y triste debe ser eso para ti".

"No, Bryan," ella respondió. "Te equivocas. Yo no tengo planos para una casa móvil. ¡Tengo planos para un cobertizo!" Y ella comenzó a llorar.

John Bowlby, el Padre del Apego, declaró en la década de 1950s, "Los primeros tres años de nuestras vidas establecen los planos para todas nuestras relaciones futuras". Eso es para *todas* nuestras relaciones futuras, no solo algunas de ellas—nuestras relaciones conyugales, nuestras relaciones entre padres e hijos, nuestras relaciones entre compañeros, nuestras relaciones de amistad e incluso nuestras relaciones laborales. La ciencia ahora nos dice que esos planos se establecen en nosotros más cerca en algún momento entre la concepción y los cinco años de edad.

Sin embargo, esto es lo que importa, basado en lo que creemos que estamos viendo en los demás, sus hogares, sus hijos y sus relaciones: Estamos motivados a crear lo que creemos que son castillos. Si la madre que está al otro lado de la calle no está discutiendo con su hijo, y él es un atleta destacado, creemos que están viviendo en un castillo de padres. Queremos ese castillo. Entonces, nos convertimos en persistentes, pacientes, compasivos, empáticos y comprensivos. Nosotros queremos realmente ese castillo. Pero, con el tiempo, empezamos a luchar. Nuestra relación con nuestro hijo no es tan buena. No le está yendo tan bien en la escuela, no tiene tantos amigos y tiene dificultades para interactuar con la familia.

Lo que vemos en nuestro hijo inconscientemente desafía nuestro ideal de un castillo de padres, por lo que nos sentimos frustrados. Pasamos de ser amorosos, pacientes y comprensivos a ser críticos, controlar, avergonzar, culpar y amenazar. Queremos ese castillo, y por Dios, ¡ese niño no va a interponerse en el camino!

¿Adivina qué? Eso es un error de configuración. En nuestro esfuerzo por crear algo ideal, nos olvidamos de nuestros planos de trabajo originales. Medimos mal, cortamos mal, y formamos mal. Nuestros verdaderos planos se activaron, haciendo que nuestros planos ideales fallaran. Durante el estrés, entonces, no hacemos lo que haría la madre con los planos del castillo de padres; volvemos a nuestros planos de casas móviles.

Eso no nos hace mal. Simplemente significa que debemos darnos cuenta de que nuestros planos son nuestro mapa de trabajo para las relaciones. Antes de que podamos construir un castillo, primero debemos observar de cerca lo que tenemos. Y esa es la parte dolorosa. Queremos el castillo, pero para construir nuevos planos, modificarlos y ajustarlos para obtener el castillo, debemos estar dispuestos a ver lo que tenemos ahora. Antes de que podamos tener algo diferente, nosotros debemos estar dispuestos a examinar de cerca lo que tenemos y volver a calcular.

El mayor problema con muchos de nuestros sistemas de crianza, sistemas de salud mental, sistemas de cuidado de crianza temporal, sistemas de adopción, etc., es que fueron creados y son promovidos por personas que no están completamente conscientes de sus planos personales. Una vez que examinamos nuestros planos actuales, de dónde vienen, qué nos dicen y las instrucciones que nos dan, tenemos la oportunidad de reducir el paso y corregirnos.

También es de ayuda encontrar a alguien que vive en una casa de crianza más grande y pedir orientación. Hay una ley bastante simple llamada ley de la replicacion. Cuando queremos lo que alguien más tiene, debemos averiguar qué están haciendo y hacer lo mismo. Pronto, la ley se hace cargo de sí misma.

También es importante darse cuenta de que, en función de la historia de nuestra nación y el grado de estrés y trauma que hemos aguantado a lo largo de generaciones, hay pocos castillos para padres. La mayoría de ellos son ilusiones. Eso no significa que no todos podamos construir un castillo para padres. Solo se necesita tiempo, paciencia, comprensión, diligencia, persistencia y amor. Cuando la casa móvil comience a temblar un poco, vuelve y explora la infraestructura. Añadir otro soporte. Recuerda, los soportes que se agreguen hoy serán los mismos soportes para el castillo de mañana.

(Aparte de leer el libro *Más Allá de las Consecuencias, La Lógica y El Control* y obtener todos los recursos educativos que puedas en www.postinstitute.com, la mejor manera de comenzar a cambiar tus planos de crianza es teniendo un entrenador POST. Nuestros entrenadores y yo todavía no tenemos castillos, pero continuamente estamos convirtiendo nuestras propias casas móviles en algunos hogares agradables.)

Hacia un Nuevo Entendimiento del Niño Detenido y Los Adultos que se Preocupan por él

Un hombre de 17 años va a la escuela con un chupón. Una joven de 16 años disfruta de que su padre adoptivo le dé un biberón. Mientras juega con su hermano mucho más joven quien usa pañal, un niño de 15 años se pone el pañal en la cabeza y abandona la habitación solo para regresar con el pañal puesto. Una niña de 13 años de forma rutinaria le pregunta a su madre si puede dormir en la cama de su madre. Un niño de 14 años prefiere sentarse en las piernas de su cuidador, en lugar de estar al lado del cuidador en el sofá. Él besa repetidamente a su cuidador en la mejilla mientras exclama en voz alta: "¡Bebé! ¡Bebé!"

¿Cuáles son tus reacciones internas ante estos ejemplos? ¿Te sientes incómodo? Tal vez sientas una presión en el pecho o una contracción de los músculos de la garganta. Quizás te sientas enojado o avergonzado por leer tales comportamientos demostrados por los niños. O quizás te rías y encontraste que te interesó el punto de este artículo.

El propósito de este artículo es examinar cómo las experiencias tempranas de la vida conducen a comportamientos en niños que se consideran inapropiados y que causan mucha ansiedad a los cuidadores. La falta de comprensión puede llevar a los adultos a avergonzar, juzgar o malinterpretar estos comportamientos, creando barreras para la sanación.

Normas sociales sobre el cuidado infantil

¿Cuántos niños han dependido de un chupón para calmarse? ¿A cuántos niños se les ha ofrecido un biberón como suministro para proveer alimentos? ¿Cuántos niños tienen un cobija o juguete favorito que llevan consigo de un lugar a otro para calmarlos? La mayoría de los niños entran en esta categoría. Los chupones, biberones y cobijas son parte del cuidado de los bebés que prevalece en nuestra sociedad.

El chupón, por ejemplo, es importante debido a la respuesta del cerebro al succionar. Cuando el bebé succiona, crea una secreción neuroquímica que, en la mayoría de los casos, produce alivio. La experiencia óptima de succión, por supuesto, ocurre en pecho de la madre lactante, y el chupón es un segundo no tan cercano.

Un biberón se utiliza para la nutrición. Repito, no está muy cerca del pecho de la madre, pero es un medio socialmente aceptable de alimentar a los niños. Esta alimentación conduce a un importante desarrollo cerebral, pero, sobre todo, es el tacto, el olfato, el contacto visual, el cambio de temperatura e incluso el sonido de la voz del cuidador durante las alimentaciones que permite que se produzca una mayor experiencia dependiente del cerebro.

A los niños se les ofrecen cobijas para la comodidad y alivio. Vienen a depender de estas cobijas, no por la cobija, sino por el olor asociado.

Mi hija de cinco años nunca ha usado un biberón, nunca ha tenido un chupón en la boca y nunca se ha apegado a ninguna cobija, juguete o material en particular. Ella preferiría ser amamantada en el pecho de mi esposa, sentarse en mis piernas y acurrucarse en mi camisa, o tener a uno o ambos lo más cerca posible en momentos de gran ansiedad. A través de todos sus primeros traumas infantiles, ella ha tenido la crianza con apego que ha sido constantemente armonizada con cuidado alimenticio, flexible y receptivo. En la mayoría de las áreas, especialmente en lo social y emocional, ella está avanzada para su edad.

Mi hija de casi 14 años no se atrevería a ser captada con un chupón, no podría imaginar que su madre o su padre le dieran un biberón, es difícil que se siente en mis piernas por un período de tiempo y consideraría gracioso caminar con un objeto que la calmara. Por otro lado, al igual que mi hija de cinco años, recibió un cuidado óptimo. Su cuidado de pequeña no estaba tan relacionado con el apego y las emociones como la de mi hija de cinco años, pero en la mayoría de los casos fue y es manejado de manera consciente. Ella también está avanzada social y emocionalmente más allá de su edad cronológica.

Desafíos a Las Normas Sociales y Desarrollo Predecible

Por otro lado, todos los niños mencionados en el primer párrafo de este artículo son niños reales que solo han recibido un poco de lo que mis hijos han recibido durante sus vidas. Ninguno de los niños mencionados ha vivido en un entorno físico, emocional y espiritualmente seguro durante un período significativo. Estos, por supuesto, son elementos críticos para el desarrollo y funcionamiento óptimo del cerebro. Abuso y abandono con frecuencia crean retrasos emocionales y sociales en los niños. Cuando estos niños se encuentran en estados de miedo y estrés, ellos retrocederán. Esto significa que, en un momento dado, un niño de 10 años podría comportarse como un niño de 2 años. La psiquiatra y escritora Dorothy Lewis dice que estos niños son "emocionalmente detenidos". Son tomados como rehenes de sus propias historias de abuso y abandono.

En estos casos, los niños están demostrando una regresión emocional debido a que han sido inhibidos emocionalmente por el abuso y la negligencia. Luego intentan aliviar su angustia a través de comportamientos que la sociedad ha considerado inapropiados para su edad. Desafortunadamente, nos hemos asustado tanto de la necesidad de nuestros hijos de sentirse tranquilos que creemos que debemos destetar a nuestros hijos, restringiendo su acceso a las cosas que los tranquilizan, ya sea biberón, cobija o prenda.

El primer paso es la educación. Cuando nos educan sobre el impacto del trauma en la vida temprana y los efectos de la negligencia y el abuso en el sistema de desarrollo de un niño, podemos ver a nuestros niños bajo una perspectiva diferente. Estos niños simplemente son incapaces de actuar a su edad cuando están en un estado de estrés, y esos momentos de estrés son cuando debemos interactuar con ellos en su nivel emocional. Si están llorosos, frustrados, abrumados (emocionalmente de dos años), tenemos que criarlos como si fueran de esa edad.

Recuerda que nuestro pensamiento se confunde y distorsiona en momentos de estrés, y nuestra memoria a corto plazo se suprime. Cuando reaccionamos y nos vamos a nuestro propio estado de estrés, olvidamos la moda de hace 10 años, cuando casi todos los estudiantes de secundaria en Estados Unidos caminaban con un chupón colgando del cuello y tomando bebida de cola en una botella. Era una moda, una tendencia, una fase. Sin embargo, también reflejaba en gran medida a una sociedad de niños inseguros, que buscaba una experiencia tranquilizadora básica. Entonces, si tus hijos retroceden, usa interacciones no verbales tranquilizadoras. Abrázalos. Mécelos. Cántales en voz baja. Este no es el momento de usar discusiones verbales complejas sobre las consecuencias de un comportamiento inapropiado.

Encuentra al Niño donde Él o Ella esté

Yo enseño el concepto de encontrar a un niño donde esté. En lugar de mirar a un niño desde la perspectiva de su edad cronológica, tamaño o capacidad cognitiva, yo te motivo a ver al niño en su edad emocional. Esto es crítico en muchos niveles. Primero, el neurocientífico y autor Daniel Goleman habla sobre el poder del cerebro emocional al afirmar que el hemisferio derecho (cerebro emocional) es dominante sobre el hemisferio izquierdo (cerebro cognitivo). Esto se correlaciona con un "secuestro emocional" en momentos de estrés. Si un niño tiene 16 años y quiere un biberón, tenemos una indicación clara del estrés del niño en ese momento.

Quizás aún más importante, tenemos una oportunidad ideal para conocer y conectar con el niño en una etapa de desarrollo regresivo que necesita reparación emocional. Un cuidador sintonizado, abierto, capaz de detener el juicio y estar presente al 100% con ese niño en el momento, es el que mejor proporciona esta restauración.

Luego debemos preguntarnos por qué no deberíamos estar dispuestos a darle un biberón al niño. Esta es una pregunta típica, ya que revela nuestra disposición a cuestionar nuestros propios patrones de reacción sobre los comportamientos que consideramos anormales.

Si, por ejemplo, eres propenso a los temores y distorsiones cognitivas, puedes escucharte pensar o decir: "Pero eso no está bien. ¡No puedes dejar que ande por ahí cuando es un adulto que quiere un biberón!". Me gustaría ofrecer una forma verlo alternativa, tal como "Bueno, no estoy hablando de años a partir de ahora o incluso de meses cuando es un adulto. Lo estoy mirando ahora mismo en este momento."

El cambio importante en la forma de pensar es darse cuenta de que este niño tiene una necesidad que no ha sido satisfecha, y en ese momento, existe una posibilidad de satisfacer esa necesidad. Al hacerlo, el comportamiento tiene muchas más posibilidades de terminar, y luego el niño podría abstenerse de fumar, comer compulsivamente o consumir alcohol en exceso. A menudo estamos tan ocupados tratando de evitar que el futuro suceda que no reconocemos que nuestras acciones de ahora son las que perpetúan los comportamientos que tememos.

El Amor Gana

El obispo TD Jakes dice: "¡Si siempre haces lo que siempre has hecho, siempre estarás donde ya has estado!" Al considerar la difícil situación de nuestros hijos y nuestros roles como padres, maestros, guías y sanadores en sus vidas, debemos preguntarnos si nuestros métodos actuales están funcionando.

Si realizamos una evaluación exhaustiva y honesta de nuestro tratamiento actual e histórico de niños difíciles, encontraremos que repetidamente hemos utilizado el mismo enfoque de modificación de conducta con pocos resultados. Para probar algo realmente diferente, primero debemos reconocer que lo desconocido da miedo. Luego, debemos comenzar a cuestionar la base desde la cual operamos, desde la cual se basan la mayoría de los enfoques de comportamiento hacia los niños, y buscar pro activamente desarrollar un nuevo paradigma.

¿Qué es más dañino: una cobija, cigarrillo, cerveza, ¿y encuentros sexuales casuales? Tú eres el juez.

El Impacto del Trauma en los Niños de Crianza Temporal

Colocado en el sistema de cuidado de crianza temporal a los seis meses de edad, José era un infante quisquilloso y, a veces, difícil de calmar. Sus padres adoptivos pensaron que probablemente era normal para un bebé de crianza temporal, por lo que le prestaron poca atención. A los dos años, José fue trasladado a una casa diferente. Cuando comenzó a morder a los otros niños en la guardería, sus nuevos padres de crianza temporal lo atribuyeron a que solo tenía dos años. Pero la mordedura no cesó ese año.

A la edad de seis años—cinco colocaciones más tarde—José no trabajaba y, a veces, gritaba durante horas seguidas. Normalmente pasaba gran parte del día en aislamiento. José ahora se había acostumbrado a huir del personal de la escuela cuando su comportamiento se intensificaba. Esto llevó a José a ser restringido por los guardias de seguridad o el director. Eventualmente, José había asistido y había sido suspendido de una lista de escuelas.

Para cuando José había alcanzado el quinto grado, sus arrebatos y desafíos cada vez más violentos habían provocado dos estancias en centros de tratamiento residencial. Después de intentos fallidos de terapia y más de ocho medicamentos psiquiátricos que solo habían servido para hacer que José pareciera un "zombie," su trabajadora social y padres de crianza temporal sintieron que su única opción era enviar a José a otro centro residencial.

Desafortunadamente, la historia anterior es una historia común para muchos padres de crianza temporal.

Muchas familias luchan durante años para crear la familia pacífica con la que soñaron. Lamentablemente, una de las barreras principales que impiden tal armonía familiar es una de las menos entendidas cuando se trata de comprender la difícil situación del niño. La barrera es el trauma.

Ya sean criados desde el nacimiento o más tarde en su vida, todos los niños de crianza temporal han experimentado algún grado de trauma. El trauma es cualquier evento estresante prolongado, abrumador, o impredecible. Estamos familiarizados con el trauma causado por el abuso, la negligencia y la violencia doméstica, el impacto total del trauma en los niños de crianza temporal no se ha entendido hasta hace poco tiempo.

La investigación científica ahora revela que tan pronto como en el segundo trimestre, el feto humano es capaz de procesamiento auditivo y es capaz de procesar el rechazo en el útero. Mucho más allá de cualquier conciencia cognitiva, esta experiencia se almacena en lo profundo de las células del cuerpo, lo que lleva rutinariamente a estados de ansiedad y depresión para el niño más tarde en su vida.

Debido a que esta experiencia inicial ha pasado tanto tiempo sin validación, ahora es difícil para los padres entenderla. Esta experiencia temprana es generalmente el trauma original del niño. Desde ese momento en adelante, muchos más traumas pueden ocurrir en la vida del niño. Estos incluyen el nacimiento prematuro, cuidadores inconsistentes, abuso, negligencia, dolor crónico, hospitalizaciones prolongadas con separaciones de la madre y depresión de los padres. Tales eventos de la vida interrumpen el desarrollo emocional del niño (a veces incluso el desarrollo físico) e interrumpen la capacidad del niño para tolerar el estrés en relaciones significativas con los padres y compañeros.

Es importante darse cuenta de que simplemente porque un niño ha sido retirado de un entorno traumático, el trauma no se ha borrado de la memoria del niño. Se reconoce que el estrés es la clave principal para desbloquear recuerdos traumáticos. Desafortunadamente, tanto para el niño como para la familia, la mayoría de los traumas en la vida del niño ocurren en el contexto de las relaciones humanas. Por lo tanto, el estrés en una relación creará una nueva experiencia del trauma para el niño, lo que lo llevará a sentirse amenazado, temeroso, y abrumado en un entorno que sería amenazante a los demás.

10 Claves para Sanar el Trauma en El Niño de Crianza Temporal:

1. El trauma crea miedo y sensibilidad al estrés en los niños. Incluso para un niño criado desde el nacimiento, sus sistemas internos pueden ser más sensibles y temerosos que los de un niño que ha podido permanecer con sus padres biológicos.

2. Reconoce y se más consciente del miedo en tu hijo. Se más sensible a las pequeñas señales, como aferrarse, llorar, no temer a extraños, etc. Todos son signos de inseguridad que se pueden enfrentar, tales como acercar al niño a ti, sostenerlo, cargarlo, y comunicarle que entiendes que se siente asustado, pero que tú lo mantendrás a salvo.

3. Reconoce el impacto del trauma en tu propia vida. Comprender el impacto del trauma pasado en tu propia

vida te ayudará a volverte más sensible cuando tu reacción provenga de un lugar que no sea tu experiencia existente padre/hijo. Volver a experimentar traumas pasados es común cuando los padres se encuentran en un ambiente continuamente estresante.

4. Reduce la estimulación sensorial externa cuando sea posible. Disminuye la televisión, los entornos abrumadores, la cantidad de niños que juegan juntos y las grandes reuniones familiares. Cuando sea necesario que ocurran estos eventos, mantén al niño cerca.

5. Hacer tiempo-con en lugar de tiempo-fuera. En lugar de enviar al niño estresado y asustado a la esquina para pensar en su comportamiento, acércalo y ayúdalo a sentirse seguro. Interiormente, esto le permitirá pensar en sus acciones.

6. ¡No golpees a niños traumatizados! Hacerlo solo te identificará como una amenaza. El versículo bíblico acerca de salvar la vara y echar a perder al niño habla de la crianza de ovejas. Se usa una vara para guiar a las ovejas, y el bastón se usa para jalar a las ovejas hacia atrás cuando se desvían. Golpear a los niños, al igual que las ovejas, hará que se asusten y huyan o te devuelvan el golpe.

7. Nunca hay suficiente afecto en el mundo. Una técnica simple es la prescripción o receta de afecto mencionada al principio del libro. Dale al niño 10 minutos de tiempo y atención de calidad a primera hora de la mañana, 20 minutos en la tarde y 10 en la noche.

8. Motiva para un plan de educación individualizado (IEP) en el aula para desarrollar una comprensión del estrés y el miedo de su hijo. Esto podría ayudar a abordar áreas tan importantes como la tarea, el patio de recreo, la interacción entre compañeros, la hora del almuerzo y la educación física. Todas son áreas comunes de menos estructura y mayor estrés.

9. Edúcate sobre el impacto del estrés y el trauma en las familias. Hay muchos recursos disponibles en www.postinstitute.com, www.childtraumaacademy.org y www.traumaresources.org.

10. Busca apoyo. La crianza de un niño con un historial de trauma puede afectar a los mejores padres. Busca un sistema de apoyo para el cuidado de relevo ocasional, la discusión de problemas, y compartir una comida. Tales pequeños pasos pueden tener mucho significado durante tiempos particularmente estresantes.

Para terminar, date tiempo para recargarte, conectarte y comunicarte. Recuerda que una relación de padres segura es el mejor regalo que le puedes dar a tu hijo.

Técnicas de Crianza Tradicional Vinculadas al Estrés Cerebral

Hasta hace poco, los padres de todo el mundo han usado técnicas de crianza tradicionales tales como consecuencias, puntos y recompensas, y las nalgadas como medidas efectivas de corrección para comportamientos considerados socialmente inapropiados. Las escuelas continúan pegando como medida para detener las conductas problemáticas en los niños. Sin embargo, los nuevos hallazgos en el campo de la neurociencia demuestran que tales medidas pueden ser perjudiciales para el desarrollo cerebral sano de los niños e incluso podrían ser una causa importante de la prescripción excesiva de medicamentos.

La amígdala es un racimo de las fibras nerviosas en forma de almendra ubicadas en la base del cerebro. Según el neurocientífico de la Universidad de Nueva York Joseph LeDoux, autor de *Cerebro emocional y Yo Sinaptico,* la amígdala es el receptor del miedo en el cerebro, responsable principalmente de detectar amenazas en el medio ambiente. Por lo tanto, la amígdala no es una parte del pensamiento altamente evolucionada del cerebro. En cambio, controla el hemisferio emocional. Esta área del cerebro está directamente relacionada con la liberación temprana de hormonas de estrés dentro del sistema nervioso, conocido científicamente como factor liberador de corticotropina.

Las técnicas de crianza que son amenazantes, basadas en miedo, carecen de empatía o carecen de compasión de los padres, pueden hacer que la amígdala libere grandes cantidades de hormonas del estrés en el cerebro y el sistema corporal. En muchos casos, esta liberación de gran volumen, si ocurre de manera rutinaria sin la suficiente intervención, puede crear trauma. Los niveles de estrés traumático pueden crear daño neuronal en otra área del cerebro responsable del pensamiento claro y la memoria a corto plazo: el hipocampo. Esta es la razón por la que, en momentos de gran estrés, los procesos de pensamiento se confunden y distorsionan, y se suprime la memoria a corto plazo.

Durante tiempos críticos de desarrollo, el uso de tales técnicas de castigo para el control de la conducta causa dificultades para que el niño interactúe en la escuela y con sus compañeros. Estas luchas están comúnmente vinculadas a las prescripciones de medicamentos para niños, pero estos medicamentos pueden enmascarar un desafío más profundo para el niño y pueden administrarse por todas las razones incorrecta.

El Uso Ilógico de la Lógica con Los Niños

¿Puedes recordar cuando eras niño e hiciste algo que causó que tu madre o tu padre se molestaran? Probablemente recibiste una larga plática sobre por qué era irresponsable de tu parte actuar como lo hiciste. Entonces, la pregunta es: ¿Recuerdas alguno de esos largos y apasionadas sermones que te dieron tus padres? ¡Posiblemente, tu respuesta es un rotundo no!

Tu recordarás leyendo este libro que en momentos de mucho estrés, nuestros procesos de pensamiento se vuelven confusos y distorsionados, y se suprime la memoria a corto plazo. Por esta razón no recuerdas los sermones de tus padres, así que déjame ahorrarte a ti y a tus niños muchos periodos de frustración.

En primer lugar, los niños actúan negativamente cuando están estresados. Es simple. Tu estabas seguro que tu niño "sabía más que eso," pero ese comportamiento que odias proviene de experimentar más estrés en su sistema cerebral corporal del que puede tolerar en ese momento. Por lo tanto, sus acciones muestran sus sentimientos. Piensa en eso por un momento. ¿Estás de acuerdo que el 80%-90% del tiempo, tu niño toma buenas decisiones? Incluso en este momento, toma en cuenta que tu hijo probablemente no está mintiendo, robando, golpeando a su hermanita, o acosando al perro. No, el está probablemente viendo la televisión, platicando, jugando con amigos, o haciendo tarea. El punto es que la mayoría del tiempo, los niños no experimentan estrés abrumador y se comportan bastante bien.

Hazte estas preguntas: "¿Qué pasa si mi hijo esta

haciendo berrinche porque está estresado? ¿Cómo podría yo responder a el de manera diferente que le causara menos tensión?" Cuando hayas considerado honestamente estas preguntas, piensa en alguna ocasión cuando fuiste castigado de niño. ¿Estabas estresado en ese momento? ¿Que pudieron haber hecho tus padres diferente si hubieran tenido conocimiento de eso? ¿Qué tan diferente hubiera resultado la situación?

¿Realmente crees que un sermón de 20 minutos es comprendido completamente cuando tu hijo está en estrés? Les damos platicas a nuestros hijos porque a nosotros también nos las dieron. La mayoría de las veces, les damos sermones a nuestros hijos porque nosotros, también, nos estresamos. Por lo tanto, intentamos usar lógica con nuestros niños ilógicos momentáneamente.

Si tú estás tratando de usar lógica con una persona ilógica, ¿Eso, en qué te convierte?

El Trauma más Temprano:
El Impacto implícito del Trauma Médico

Miles de niños cada año llegan al mundo de manera traumática, rara vez discutido o procesado después del evento. Estos traumas pueden variar desde un niño que nace con el cordón umbilical alrededor del cuello con oxígeno vital retenido durante segundos o minutos, o un trabajo de parto usualmente prolongado, estresado, y doloroso.

Los niños que experimentan eventos traumáticos como sus primeros eventos de vida, son traumatizados típicamente de dos maneras, si no es que más. La primera es la experiencia misma: Ya sea trauma antes de que el niño naciera o después del nacimiento, puede ser guardado en la memoria más temprana del niño, llamada nivel de estado. Esta memoria está activa continuamente el resto de la vida de una persona. Las investigaciones del cerebro nos informan que ya en la cuarta semana después de la concepción, el feto es capaz de procesar auditivamente, y ya en el segundo trimestre, el feto es capaz de procesar psicológicamente.

Un divorcio, violencia domestica, pérdida de una figura significativa, accidentes o enfermedades durante el embarazo, pueden crear traumas para el desarrollo del feto en el útero. En segundo lugar, debido a que la profesión medica hace muy poco para reconocer y validar la vida temprana del feto/infante, hay carencia de suficiente entendimiento del impacto de dichos eventos en el niño. En mi experiencia personal con un niño que tuvo dos cirugías cerebrales en los tres meses después del nacimiento, la palabra trauma nunca se mencionó. No estaba considerado que el niño pudiera tener reacciones a cosas en su cabeza, a ruidos fuertes, acciones repentinas, y separaciones, entre otros problemas.

Los traumas tempranos para los infantes antes del nacimiento o después del nacimiento pueden predisponer mucho más al niño hacia estrés, miedo, y estimular más que otros niños. Estas experiencias pueden crear dificultades para el niño en lugares con mucha actividad como reuniones familiares, compras, escuela, etc.

Los niños requieren de una comprensión profunda de sus sensibilidades innatas más de lo que se puede ver con el ojo humano. Requiere que veamos mas allá de los que se puede ver y sentir profundamente donde ellos pueden ser desafiados. Esto requiere disminuir el paso como padres para ver donde es que nuestros niños batallan y pensar como es que estas luchas pueden estar conectadas con traumas tempranos.

LECTURAS Y RECURSOS RECOMENDADOS
Recursos para padres y profesionales:

Brazelton, T.B. (1992). *Touchpoints: Your Child's Emotional and Behavioral Development.* Reading, MA: Addison-Wesley Publishing.

Brazelton, T.B. & Greenspan, S. (2000). *The Irreducible Needs of Children: What Every Child Must Have to Grown, Learn and Flourish.* Cambridge, MA: Perseus Publishing.

Breggin, P. (2000). *Reclaiming Our Children: A Healing Solution for a Nation in Crisis.* Cambridge, MA: Perseus Books.

Clark, N. & Post, B. (2005). *The Forever Child: A Tale of Loss and Impossible Dreams.* Upland, CA: The Forever Child. Available www.amazon.com.

Clark, N. & Post, B. (2003). *The Forever Child: A Tale of Fear and Anger.* Upland, CA: The Forever Child. Available www.amazon.com.

Clark, N. & Post, B. (2002). *The Forever Child: A Tale of Lies and Love.* Upland, CA: The Forever Child. Available www.amazon.com.

Davis, P. (1999). *The Power of Touch: The Basics for Survival, Health, Intimacy, and Emotional Well-being.* Carlsbad, CA: Hay House.

Divinyi, J, M.S., L.P.C. (2003). *Discipline That Works; 5 Simple Steps.* Peachtree City, GA: The Wellness Connection. Available www.postinstitute.com.

Divinyi, J, M.S., L.P.C. (2003). *Good Kids, Difficult Behaviors.* Peachtree City, GA: The Wellness Connection. Available www.postinstitute.com.

Divinyi, J, M.S., L.P.C. (2001). *The ABC's Workbook: Achieving Acceptable Behavior Changes.* Peachtree City, GA: The Wellness Connection. Available www.postinstitute.com.

Fox, E. (1934). *The Sermon on the Mount: The Keys to Success in Life.* San Francisco: Harper Collins.

Goleman, D. (1994). *Emotional Intelligence: Why It Can Matter More Than IQ.* New York, NY: Bantam Books.

Granju, K. & Kennedy, B. (1999). Attachment Parenting: Instinctive Care for Your Baby and Young Child. New York, NY: Pocket Books.

Hart, A. (1992). *Stress and Your Child.* Dallas, TX: Word Publishing.

Kabat-Zinn, M. & J. (1997). *Everyday Blessings: The Inner Work of Mindful Parenting.* New York: Hyperion. Available http://postinstitute.com/store/ recommended-resources.html.

Karen, R. (1994). Becoming Attached: Unfolding the Mystery of the Infant-Mother Bond and Its Impact on Later Life. New York, NY: Warner Books, Inc.

Karr-Morse, R., & Wiley, M.S. (1997). Ghosts from the Nursery: Tracing the Roots of Violence. New York: Atlantic Monthly Press.

Kuchinskas, S. (2009). *The Chemistry of Connection.* Oakland, CA: New Harbinger Publications. Available http://postinstitute.com/store/recommended-resources.html.

Kuchinskas, S. & Post, B. (2011). Oxytocin Parenting: Womb Through the Terrible Twos. Available www.chemistry ofconnection.com.

Liedloff, J. (1986). *The Continuum Concept.* New York, NY: Penguin Books.

Post, B. (2009). *From Fear to Love: Parenting Difficult Adopted Children.* Palmyra, VA: POST Publishing. Available www.postinstitute.com.

Post, B. (2009). *The Great Behavior Breakdown.* Palmyra, VA: POST Publishing. Available www.postinstitute.com.

Post, B. & Forbes, H. (2006). Beyond Consequences, Logic, and Control: A Love-Based Approach for Helping Children with Severe Behaviors. Vol. 1. Boulder, CO

Post, B. (2009). Parenting Softly: From Infant to Two. Available www.postinstitute.com.

Post, B. (2009). *How to End Lying Now!* (FREE e-Book). Palmyra, VA: POST Publishing. Available www. postinstitute.com.

Post, B. (2005). *Healing Adult Attachment Handbook* Vol.1. Palmyra, VA: POST Publishing. Available www. postinstitute.com.

Post, B. (2003). *For All Things a Season.* Palmyra, VA: POST Publishing. Available www.postinstitute.com.

Post, B. (2009). How to Heal the Attachment Challenged, Angry and Defiant Child: When Behavior Modification and Consequences Don't Work (Workbook). Palmyra, VA: POST Publishing. Available www.postinstitute.com.

Post, B. (2005). How to Heal the Attachment Challenged, Angry and Defiant Child: When Behavior Modification and Consequences Don't Work (CD). Palmyra, VA: POST Publishing. Available www.postinstitute.com.

Post, B. (2009). Stress, Love & Your Baby's Developing Brain: Understanding How Your Parenting Approach Influences Your Baby's Brain Development From Prenatal to Two. (DVD). Available www.postinstitute.com.

Post, B. & Grantham, M.S., M. Ed. L.P.C. (2005). *Going Home: A Survival Toolkit for Parents.* Palmyra, VA: POST Publishing. Available www.postinstitute.com.

Post, B. Educating Children Today: Working with the Difficult Child in the Classroom (DVD). Palmyra, VA: POST Publishing. Available www.postinstitute.com.

Post, B. *Great Behavior Breakdown* (13 CD Audio Recording). Palmyra, VA: POST Publishing. Available www. postinstitute.com.

Post, B. *How to End Lying, Stealing and Defiance in Children* (DVD). Palmyra, VA: POST Publishing. Available www.postinstitute.com.

Post, B. *IEP's and the Law: What Every Parent Needs to Know.* (CD Audio Recording). Palmyra, VA: POST Publishing. Available www.postinstitute.com.

Post, B. Adoption Subsidy and the Law: What Every Parent Needs to Know. (CD Audio Recording). Palmyra, VA: POST Publishing. Available www.postinstitute.com.

Post, B. *Bryan Post for the Family Live Radio Show* (CD Audio Recording). Palmyra, VA: POST Publishing. Available www.postinstitute.com.

Post, B. *Bryan Post's Adult Attachment Seminars* (CD Audio Recording). Palmyra, VA: POST Publishing. Available www.postinstitute.com.

Post, B. & Gizane Indart, PsyD, LPC. Effective Strategies for Severe Behaviors in Adoptive and Foster Children (DVD) Palmyra, VA: POST Publishing. Available www.postinstitute.com.

Post, B. & Juli Alvarado, LPC. Understanding & Meeting the 9 Most Important Emotional Needs for Foster & Adopted Children (DVD) Palmyra, VA: POST Publishing. Available www.postinstitute.com.

Post, B. *Stress, Trauma, and the Secret Life of Your Child* (CD Audio Recording). Palmyra, VA: POST Publishing. Available www.postinstitute.com.

Post, B. *International Adoption Course Ages Birth to Five* (CD Audio Recording). Palmyra, VA: POST Publishing. Available www.postinstitute.com.

Post, B. *Holiday Peace: How to Turn Stressful Holiday Season into Peaceful Family Time* (e-Book and Audio Recording). Palmyra, VA: POST Publishing. Available Seasonally www.postinstitute.com.

Purvis, K. & Cross, D. (2007). *The Connected Child*. New York: McGraw Hill. Available postinstitute.com/store/recommended-resources.html.

Rosenberg, M. (2003). Nonviolent Communication: A Language of Life. Encinitas, CA: Puddle Dancer Press.

Sears, W. & Sears, M. (2001). The Attachment Parenting Book : A Commonsense Guide to Understanding and Nurturing your Baby. New York, NY: Little, Brown and Company.

Siegel, D.J. M.D. & Hartzell, M. (2003). Parenting From the Inside-Out: How a Deeper Self-Understanding Can Help You Raise Children Who Thrive. New York, NY: Jeremy P. Tarcher/ Putnam.

Siegel, D.J. M.D. (2008). *The Mindful Brain: The Neurobiology of Well-Being*. (CD Audio Recording). Boulder, CO: Sounds True Inc.

Siegel, D.J. M.D. (2008). *The Neurobiology of "We"*. (CD Audio Recording) Boulder, CO: Sounds True Inc.

Siegel, D.J. M.D. (1999). The Deloping Mind: How Relationships
and the Brain Interact to Shape Who We Are. New
York, NY: Guilford Press.

Simon, R. & Roorda, R. (2007). In Their Parent's Voices:
Reflections on Raising Transracial Adoptees. New
York: Columbia University Press.

Tolle, E. (2005). A New Earth: Awakening Your Life's Purpose.
New York: Plume

Recursos adicionales para profesionales:

Bowlby, J. (1988). *A Secure Base: Parent-Child Attachment and Healthy Human Development*. New York, NY: Basic Books.

Bowlby, J. (1980). *Attachment and Loss: Vol. 3 Loss: Sadness and Depression*. New York: Basic Books.

Bowlby, J. (1973). *Attachment and Loss: Vol. 2 Separation and Anger*. New York, NY: Basic Books.

Bowlby, J. (1969). *Attachment and Loss: Vol. 1 Attachment*. New York, NY: Basic Books.

Bremner, J. (2002). *Does Stress Damage the Brain: Understanding Trauma-Related Disorders From a Mind-Body Perspective*. New York, NY: W.W. Norton and Company.

Carnegie Corporation (1994). *Starting Points: Meeting the needs of our youngest children. The report of the Carnegie Task Force on meeting the needs of young children.* New York, NY: Carnegie Corporation of New York.

DeGangi, Georgia. (2000). *Pediatric Disorders of Regulation in Affect and Behavior*. New York, NY: Academic Press.

Frattaroli, E. (2001). *Healing the Soul in the Age of the Brain*. New York, NY: Penguin Books.

Greenspan, S., and Cunningham, A. (1993, August 22,). Where do violent kids come from? *Charlotte Observer,* reprinted in the *Washington Post.*

Janus, L. (1997). *Echoes from the Womb.* Livingston, NY: Jason Aronson.

Justice, B., & Justice, R. (1990). *The Abusing Family.* New York, NY: Plenum Press.

Kagan, J. (1994). Galen's Prophecy: Temperament in Human Nature. New York, NY: Basic Books.

Kandel, E. R. (1998). A new intellectual framework for psychiatry. *American Journal of Psychiatry, 155,* 457-469.

LeDoux, J. (1996). The Emotional Brain: The Mysterious Underpinnings of Emotional Life. New York, NY: Touchstone.

Levine, P. A. (1999). Healing Trauma: Restoring the Wisdom of the Body (Audio). Louisville, CO: Sounds True, Inc.

Levine, P. A. (1997). *Waking the Tiger, Healing Trauma.* Berkley, CA: North Atlantic Books.

Lipton, B. (2005). The Biology of Belief: Unleashing the Power of Consciousness, Matter, and Miracles. Santa Rosa, CA: Mountain of Love/Elite Books.

McEwen, B. S. (1992). Paradoxical effects of adrenal steroids on the brain: protection vs. degeneration. *Biological Psychiatry 31,* 177-99.

McEwen, B. (1999). Development of the cerebral cortex XIII: Stress and brain development—II. *Journal of the American Academy of Child and Adolescent Psychiatry, 38,* 101-103.

Montagu, A. (1986). Touching: The Human Significance of the Skin. New York, NY: Harper and Row.

National Center for Clinical Infant Programs (2005). *Diagnostic Classification of Mental Health and Developmental Disorders of Infancy and Early Childhood.* Arlington, VA: Zero to Three.

O'Brien, P (2008). *Unconditional Commitment: The Only Love that Matters to Teens* (DVD) Palmyra, VA: POST Publishing. Available www.postinstitute.com.

Perry, B. D. Neurodevelopmental aspects of childhood anxiety disorders: Neurobiological responses to threat. In C.C. Coffey & R. A. Brumback (Eds), *Textbook of Pediatric Neuropsychiatry.* Washington, D.C.: American Psychiatric Press.

Perry, B. D. (2002). Childhood experience and the expression of genetic potential: What childhood neglect tells us about nature and nurture. *Brain and Mind, 3,* 79-100.

Perry, B. D. (1997). Incubated in terror: Neurodevelopmental factors in the "cycle of violence." In J. Osofsky (Ed.), *Children in a Violent Society* (pp. 124-149). New York, NY: Guilford Press.

Perry, B. D. (1996). Maltreated Children: Experience, Brain Development, and the Next Generation. New York, NY: W. W. Norton.

Perry, B. D. (1996). Neurodevelopmental adaptations to violence: How children survive the intergenerational vortex of violence. *Violence and Childhood Trauma: Understanding and Responding to the Effects of Violence on Young Children*, Gund Foundation, Cleveland, OH.

Perry, B. D., Pollard, R.A., Blakely, T.L. Baker, W.L., & Vigilante, D. (1995). Childhood trauma, the neurobiology of adaptation, and "use-dependent" development of the brain: How states become traits. *Infant Mental Health Journal, 16* 271-291.

Perry, B. D. (Spring 1993). Neurodevelopment and the neurophysiology of trauma: Conceptual considerations for clinical work with maltreated children. *The Advisor, American Professional Society on the Abuse of Children, 6:1.*

Pert, C. B. (2004). *Your Body is Your Subconscious Mind* (Audio CD Recording). Boulder, CO: Sounds True, Inc.

Pert, C. B. (2004). Psychosomatic Wellness: Healing Your Bodymind (Audio CD Recording). Magic Bullets, Inc.

Pert, C. B. (1997). *Molecules of Emotion*. New York, NY: Touchstone.

Post, B.. Art of the Family–Centered Therapist: Fear and the Dance Between Therapist and Client (Audio CD Recording). Palmyra, VA: POST Publishing. Available www.postinstitute.com.

Post, B. *Creating Healing for the Attachment Challenged Adult* (DVD). Palmyra, VA: POST Publishing. Available www.postinstitute.com.

Post, B. Family Regulatory Therapy for the Attachment Challenged Adult, Child and Family (DVD). Palmyra, VA: POST Publishing. Available www.postinstitute.com.

Ross, C. A. (2000). *The Trauma Model.* Richardson, TX: Manitou Communications.

Sapolsky, R.M. (1990). Stress in the wild. *Scientific American 262,* 116-23.

Schore, A.N. (1994). *Affect Regulation and the Origin of the Self.* Hillsdale, NJ: Lawrence Erlbaum Associates, Publishers.

Schore, A.N. (2003). Affect Regulation and the Repair of the Self. New York, NY: W.W. Norton.

Schore, A.N. (2003). Affect Regulation and Disorders of the Self. New York: W.W. Norton.

Shapiro, F. & Forrest, M. (1998). EMDR: The Breakthrough Therapy for Overcoming Anxiety, Stress, and Trauma. New York, NY: Basic Books.

Siegel, D.J. M.D. (1995). Memory, trauma, and psychotherapy: A cognitive science view. *Journal of Psychotherapy Practice and Research, 4,* 93-122.

Siegel, D.J. M.D. (1999). The Developing Mind: How Relationships and the Brain Interact to Shape Who We Are. New York, NY: Guilford Press.

Smith, E., Clance, P., & Imes, S. (1998). *Touch in Psychotherapy:*
       Theory, Research, and Practice. New York, NY: The
       Guilford Press.

Sroufe, L.A. (1996). Emotional Development: The Organization of
       Emotional Life in the Early Years. Cambridge, UK:
       Cambridge University Press.

Sroufe, L.A. (1997). Psychopathology as an outcome of
       development. *Development and Psychopathology, 9,*
       251-268.

Valenstein, E. (1998). Blaming the Brain: The Truth about Drugs and
       Mental Health. New York, NY: The Free Press.

B. Bryan Post es el experto en comportamiento infantil más importante de América. En el grande Desglose de comportamiento, ha identificado 27 de los más problemáticos, graves, y comportamientos desafiantes que los padres enfrentan, los desglosan y proporcionan Guía y conocimiento paso a paso para transformar su conflicto familiar inmediatamente. Este es un libro de lectura obligatoria para cualquier padre o profesional que trabaje con niños que tienen un comportamiento aparentemente incontrolable.

Los diagnósticos comunes para estos niños son el trastorno de apego reactivo, Trastorno de oposición desafiante, trastorno bipolar, trastorno de conducta, Trastorno por déficit de atención con hiperactividad, trastorno depresivo y autismo Trastorno del espectro. Este libro, un seguimiento al audio innovador. programa del mismo título, está garantizado para cambiar la forma en que ve estos comportamientos

Acerca del Autor

Bryan Post es una de las primeras personas adoptadas en contactar a padres y profesionales para ayudarles a entender el corazón del niño adoptado.

Cuando era adolescente, él luchaba con algunos de los mismos comportamientos con los que tu hijo puede tener problemas. Los padres de Bryan eran gente ordinaria maravillosa. Él confiesa que "lo que les pudo haber faltado para entender mis necesidades

 emocionales más profundas, ellos lo compensaron con su amor incondicional y apoyo emocional ". Bryan comenzó su trabajo en la investigación del apego y la vinculación, el desarrollo infantil, la neurología y el impacto del trauma en sus 20's, y desafió valientemente a las instituciones que se suscribieron a medidas punitivas, conexión forzada, aislamiento y medicamentos como un medio para controlar el comportamiento. Su trabajo fue rechazado por muchos. Irónicamente, en el presente su trabajo es citado por esas mismas personas.

Durante los últimos 20 años, Bryan ha estado investigando el comportamiento de los niños y encontrando soluciones para un pequeño nicho de niños "con los que nada funciona."

El es un trabajador social con licencia clínica y retirado, continúa difundiendo su mensaje de crianza basado en el amor a través de sus conferencias y escritos. Aunque ha tenido muchos logros y ha sido estimado por sus colegas, si hablas con Bryan encontrarás que su orgullo es su familia y las relaciones que ha tenido en su trayecto, junto con la alegría de haber sido dotado de este mensaje acerca de la crianza basada en el amor.

Acerca de Post Institute

Post Institute fue fundado en 1999 por Bryan Post y Kristi Saul. Post Institute ha publicado más de 100 libros, DVD, CD, MP3, seminarios web y artículos sobre el tema de la crianza de niños que han sufrido traumas en la vida temprana y antes del nacimiento. A los fundadores de Post Institute les apasiona ayudar a los padres a crear la sanación de las heridas creadas por trauma, al proporcionarles a los padres una comprensión del impacto del trauma y un modelo único y de eficacia comprobada. Los padres de todo el mundo han puesto a prueba el modelo de crianza de Post Institute, así como agencias de cuidado de crianza temporal, agencias de adopción, hogares comunitarios y centros de tratamiento.

Bryan Post y Kristi Saul son únicos en que han elegido no solo enseñar y capacitar a padres y profesionales, también han estado en el campo de acción implementando el modelo de crianza basado en el amor, en hogares comunitarios, hogares de crianza terapéuticos, y en su propia casa. Su modelo de trauma y su entendimiento ha sido utilizado por numerosas agencias en la capacitación de padres de crianza y adoptivos, así como por personal de atención directa en centros de tratamiento. Ellos comprenden los desafíos de criar hijos traumatizados, no solo desde una perspectiva intelectual sino a través de la experiencia de primera mano.

Post Institute continúa creando oportunidades únicas de comprensión y apoyo para los padres y los profesionales que invierten en la vida de los niños, a través de una comunidad en línea por internet. El Círculo Interior de Padres, el entrenamiento personal de la familia, los grupos de padres y la capacitación y consulta profesional. www.postinstitute.com